द गॉड फैक्टर फ़ार सक्सेस एंड कंटेंटमेंट

हिन्दी अनुवाद

नितिन श्रीवास्तव

ISBN 978-93-5458-903-4
© Nitin Srivastava 2021
Published in India 2021 by Pencil

Contributors:
Translator: Prashant

A brand of
One Point Six Technologies Pvt. Ltd.
123, Building J2, Shram Seva Premises,
Wadala Truck Terminal, Wadala (E)
Mumbai 400037, Maharashtra, INDIA
E connect@thepencilapp.com
W www.thepencilapp.com

Author biography

वे मूल रूप से इंजीनियर हैं और इस समय एक इंजीनियरिंग कॉलेज में सहायक प्रोफेसर के पद पर कार्य कर रहे हैं।लेखन उनकी छुपी हुई प्यास थी, वो शुरू से ही लिखना चाहते थे लेकिन उन्हें वक़्त नहीं मिल सका,क्योंकि वो अभियांत्रिकी में आजीविका सुरक्षित करना चाहते थे।अपना यह लक्ष्य पा लेने के बाद उन्होंने अपने अन्तरतम की प्यास को बुझाने के लिए लिखना शुरू किया।'The God Factor-For Success and Contenment' उनकी पहली पुस्तक थी।उनकी रुचि अध्यात्म और अभिप्रेरणा जैसे विषयों पर लिखने में है।अध्यात्म इनकी आधारभूत जिज्ञासा रही है इसीलिए वे अध्यात्म पर लिखने में अत्यधिक रुचि रखते हैं।उनकी यह पुस्तक भी अध्यात्म से ही सम्बन्धित है।

आप लेखक से जुड़ सकते हैं -

authornitinblog.blogspot.com

nitinsri982@rediffmail.com

CONTENTS

अनुवादक की कलम से

प्रिय पाठकों,

नमस्कार!

"The god factor" पुस्तक के सन्दर्भ में लिखते वक़्त मेरे मन में एक हिचक हो रही है कि मैं इस अनुदित पुस्तक का अनुवादक हूँ, अतः इस पुस्तक की प्रशंसा को आप क्या समझेंगे? इस प्रश्न के साथ मैं थोड़ा सशंकित हूँ। किन्तु अगर आप ध्यान दें तो आप पाएँगे कि मैं इस पुस्तक को पढ़ने वाला एक पाठक पहले हूँ, अनुवादक बाद में, अतः इस सफाई के आगे मैं इस पुस्तक पर लिख रहा हूँ।

मैं इस पुस्तक की समीक्षा करने नहीं जा रहा। क्योंकि पुस्तक की समीक्षा के लिए जिस कोटि की शास्त्र निपुणता, साहित्यिक सामर्थ्य, विशाल ज्ञान से परिपूर्ण पाण्डित्य और आचार्यत्व चाहिए वो मुझमें नहीं है। मैं मात्र एक पाठक की दृष्टि से कहना चाहता हूँ कि "द गॉड फैक्टर" एक पुस्तक नहीं, एक कुन्जी है। एक ऐसी कुन्जी जो जब कभी भी चिन्ता,

आवेश या वासना घेरे तो एक पुस्तक पढ़ने के वक़्त ही जो अचेतन में एक अभिप्रेरणा संचित हो जाती है, उस भाव को महत्व देते हुए, मनोदशा के उन क्षणों में "द गॉड फैक्टर" के पन्ने जरूर उलट लेने चाहिए। यह वाक्य आपको अतिशयोक्ति लग सकती है। लग सकता है कि मैं उपनिषद, पवित्र बाईबल, बुद्ध के पिटकों, धर्मग्रंथों से भी महान रचना के रूप में "द गॉड फैक्टर" को प्रतिस्थापित कर रहा हूँ।

नहीं!

ऐसा बिल्कुल नहीं है। दरअसल यह पुस्तक उन धर्मग्रंथों के सामने प्रतियोगी बनकर नहीं अपितु उनकी सहयोगी बनकर खड़ी होती है। जैसे मुंडककरिका उपनिषद के प्रसिद्ध श्लोक का उदाहरण लें-

" नान्तः प्रज्ञम न बहिष्प्रज्ञम नोभयतः प्रज्ञम न प्रज्ञानघनमं न प्रज्ञम ना प्रज्ञम। अदृष्टमव्यवहार्यमग्राह्यमलक्षणमचिंत्यमव्यपदेशयमेकात्म प्रत्ययसारं प्रपंचोपशमं शान्तं शिवमद्वैतं चतुर्थ मन्यते स आत्मा स् विज्ञेयः !!७!!"

अर्थात न तो अन्तःप्रज्ञ है, न ही बहिष्प्रज्ञ है, न ही दोनों तरह की प्रज्ञा वाला है (जागृतावस्था बहिष्प्रज्ञवस्था है, स्वप्नावस्था अन्तःप्रज्ञवस्था, सुषुप्ति घनप्रज्ञवस्था है)

न ही घनप्रज्ञ है, न ही प्रज्ञ है, न ही अप्रज्ञ है। जिसका लक्षण सम्भव नहीं (जैसे लक्षण याने परिभाषा, जैसे त्रिभुज तीन भुजाओं से घिरी आकृति।) अतः वह अलक्षण या अपरिभाष्य है। उसका नामकरण सम्भव नहीं है। वह स्वयं ही स्वयं का प्रत्यय है याने किसी भी वस्तु से उसका सादृश्य या असादृश्य नहीं है। समस्त प्रपंच (जागृत, स्वप्न, सुषुप्ति या मायिक जगत) का उपशम(शांति) रूप है। शांत है, शिव है,अद्वैत है, चतुर्थ है। (जागृत, स्वप्न,सुषुप्ति से चतुर्थ)

यदि आप मेरी प्रस्तावना पढ़कर पुस्तक को पढ़ेंगे तो आप पाएंगे कि नितिन सर उसी चतुर्थ सत्ता जो शब्दों के परे है, की ओर उन्मुख होने की बात करते हैं। लेकिन उस भाषा मे नहीं जिनमें उपनिषद करते हैं। न ही उन प्रज्ञानुभूतियों के संदर्भ में जिनके सूक्ष्म अनुभव हम-आप विचार में नहीं ला पाते। अपितु ओशो की तरह, प्रेमचंद की तरह, परसाई की तरह, सरल व्यख्यात्मक शैली में लघुकथाओं के साथ, सामान्य जीवन के अनुभवों के साथ उस अनिर्वचनीय चतुर्थ की बात करते हैं। यह पुस्तक उसी चतुर्थ (आत्म-सत्ता) के शाश्वत सत्य को अवलंबित करके लिखी गयी है लेकिन स्वानुभूत सत्यों और साधारण व्यक्तियों के अनुभवों की नए दृष्टिकोण से व्याख्या पुस्तक को नवीनता और जीवन्त बनाती है।

इस पुस्तक की सबसे विशिष्ट बात ये है कि यह पुस्तक लघुकथाओं में बहती हुई, कोरी कल्पनात्मकता की उड़ान में उड़ता साहित्य नहीं बन जाती।"द गॉड फैक्टर" वैज्ञानिक दृष्टिकोण से बेहद सटीक उदाहरणों को स्वयं में समाविष्ट किये है। यह वास्तव में एक विज्ञान के शिक्षक द्वारा, आध्यात्मिक विषय पर लिखी हुई कलात्मक पुस्तक है।

अब रही बात अनुवाद की तो मैं इंजीनियरिंग स्नातक के दौरान नितिन सर का छात्र रहा हूँ, साहित्य रुचि से पढ़ता, लिखता हूँ। सो अनुवाद में त्रुटियों की संभावना से इंकार नहीं कर सकता। साथ-साथ इस एक बहाने के पीछे मैं आपके सामने एक फूहड़ अनुवाद नहीं रख रहा हूँ। मैंने भाषा और शैली का विशेष ध्यान रखा है। तत्सम शब्दों के प्रयोग से बचने की कोशिश की है, ताकि भाषा स्पष्ट और सरल रहे, किन्तु कहीं-कहीं यदि ऐसा हुआ भी है तो मात्र इसलिए कि पुस्तक की सम्प्रेषणीयता निष्प्रभावित रहे।

अंततः इतना ही कहना चाहूंगा कि यह पुस्तक आप जितनी बार पढ़ेंगे, ये आपको हर बार नए अर्थ देगी।

नितिन सर मेरे अध्यापक हैं, उन्होंने मुझे इस पुस्तक के अनुवाद का कार्य देकर मुझे गौरवान्वित किया है। मैं उनका

आभारी हूँ। मैं नितिन सर को इस पुस्तक की सफलता की कोटिशः शुभकामनायें देता हूँ।"

अब मैं अपनी समस्त सीमाओं और लघुताओं के साथ पीछे हटता हूँ, आपकी इस पुस्तक के साथ साहित्यिक यात्रा के लिए शुभेच्छाओं सहित!"-

"प्रशान्त"

प्रस्तावना

ये अक्टूबर महीने का एक सामान्य सा दिन था। जब मैं कॉलेज जहाँ मैं सहायक प्राध्यापक के पद पर कार्यरत हूँ, में एक कक्षा में पढ़ा रहा था। मैंने देखा कि छात्रों में संस्था के प्राध्यापकों और प्रबंधन के रवैये के प्रति कुछ असंतोष और हताशा थी। इसलिए मैंने उनके मनोबल को बढ़ाने का निर्णय लिया और उनसे कहा कि कुछ सकारात्मक न करके मात्र आलोचना करना किसी भी समस्या का समाधान नहीं हो सकता है। कभी-कभी परिस्थिति चाहे सकारात्मक हो या नकारात्मक, को जस का तस स्वीकार करके, अन्य सभी भटकावों को दरकिनार करके जो लक्ष्य हमें पाना है, उसके बारे में एक स्पष्ट दृष्टिकोण विकसित करके उसी अनुसार कार्य करने से वांछित लक्ष्य को प्राप्त करना आसान हो जाता है।

मेरी समझ से जब कोई व्यक्ति किसी कार्य को कुशलतापूर्वक करना चाहता हो, तो उसे अपने लक्ष्य के प्रति केन्द्रीकृत दृष्टिकोण रखना चाहिए। यदि ऐसा नहीं है तो वह अपनी ऊर्जा को अन्य अनावश्यक कार्यों में नष्ट कर रहा है, जो कि उसकी

क्षमताओं को प्रभावित करता है। इन विचारों की तुलना एक यांत्रिक निकाय से की जा सकती है, जिसमें घर्षण के कारण उसकी दक्षता घटती है। यदि घर्षण कम किया जा सके तो निकाय की दक्षता बढ़ती है। ठीक उसी प्रकार लक्ष्य के इतर अन्य सभी विचार घर्षण बल की ही तरह कार्य करने लगते हैं, जिससे लक्ष्य को पाना कठिन हो जाता है।

उस कक्षा के बाद मैंने इस विषय पर और अधिक विचार करना आरम्भ किया। युवाओं के सन्दर्भ में मुझे यह एक बड़ी समस्या प्रतीत हुई। युवाओं में बहुत ऊर्जा है लेकिन उनके मन में बहुत सारे भटकाव हैं।

किन्तु यह नाम "ईश्वरीय तत्व" आखिर क्यों? यह शीर्षक मेरे मन में कैसे आया?वास्तव में मैं कुछ सफल व्यक्तियों के जीवन पर विचार कर रहा था और मैंने पाया कि उनकी सफलता के कारणों में उनके दृष्टिकोण के अलावा कुछ अन्य तत्व भी छिपे हुए हैं। जिन तत्वों ने उन्हें उस स्थान पर पहुँचाया, सफलता के उन बिन्दुओं तक, सफलता के उन टापुओं तक और उनके स्वप्नों के लोक तक। और मैंने उस छिपे हुए तत्व को ये नाम दिया-"ईश्वरीय तत्व"!

यह पुस्तक उन लोगों को पसन्द आएगी जो सफलता की तलाश में हैं, जो संतुष्टि की तलाश में है।

एक किसान का प्यार

मैं एक किसान की कहानी से आरम्भ करता हूँ। एक किसान था जो हमेशा ईश्वर से शिकायत करता रहता था। "हे ईश्वर ! आप क्या कर रहे हैं? आप उस समय वर्षा करते हैं जब फसलों को इसकी कोई आवश्यकता नहीं होती और जब इन्हें घुमड़ते बादलों और जल की आवश्यकता होती है तब आप तेज धूप करते हैं। ये कैसी विडम्बना है? आप ईश्वर हैं किन्तु ईश्वर जैसा व्यवहार नहीं कर रहे हैं, और इन घटनाक्रमों के मध्य मैं संघर्ष कर रहा हूँ, मेरा परिवार संघर्ष कर रहा है। किन्तु आप मात्र मूक्दर्शक बने देख रहे हैं। यह बड़ी निष्ठुरता है! मैं उतना अर्जित नहीं कर पा रहा हूँ जितना मुझे अर्जित करना चाहिए और यह सब मात्र और मात्र आपके कारण हो रहा है।आप मेरी प्रार्थना कभी नहीं सुनते और यही कारण है कि मेरा जीवन हताशा से भर गया है।

किन्तु मैं क्या करूँ? आप अब भी मेरी प्रार्थना नहीं सुन रहे हैं। हे ईश्वर! आपका कोई महत्व नहीं है, आपका अस्तित्व ही नहीं है।"

वह प्रतिदिन इसी प्रकार विलाप करता रहा, और एक दिन उसने देखा कि ईश्वर उसके सम्मुख साक्षात् खड़े हैं, एक प्रकाश-पुँज के रूप में।

"मैं तुम्हारी प्रसन्नता के लिए क्या कर सकता हूँ?" ईश्वर ने किसान से पूछा।

किसान ने अपने क्षेत्र की ऋतु का नियंत्रण अपनी इच्छानुसार करने का अधिकार देने की इच्छा व्यक्त की।

"तथास्तु!आज से तुम अपनी इच्छानुसार अपने क्षेत्र की ऋतु का नियन्त्रण करने में सक्षम हो जाओगे। जब तुम्हें आवश्यकता होगी, तुम वर्षा कर सकोगे और जब तुम्हें आवश्यकता होगी तुम धूप खिला सकोगे।"-ईश्वर ने कहा।

इसके बाद वह प्रकाश-पुँज अदृश्य हो गया।

अब किसान प्रसन्न हो गया था, वह सोच रहा था कि अब सारा नियन्त्रण उसके हाथ में है। अतः वह अच्छी फसल मिलने के लिए आश्वस्त था।

अब फसल की कटाई का समय आया। वह बहुत प्रसन्न था क्योकि फसल काफी अच्छी दिख रही थी।

वह फसल से गेहूँ के दाने छाँटकर, इकठ्ठा करके बाज़ार में बेचने के लिए पहुँचा। किन्तु वह आश्चर्यचकित था कि कोई उन दानों का उचित मूल्य देने के लिए तैयार नहीं था। उसने कई खरीददारों से बात की लेकिन कोई भी तैयार न हुआ। सभी खरीददार इन्कार कर रहे थे। किन्तु, वह स्वयं भी इसका कारण जानता था।

दाने उतने विकसित नहीं हो सके थे जितना उन्हें होना चाहिए था।

किसान बड़ी उलझन में था, उसने सब कुछ भली प्रकार किया था। लेकिन फिर भी दाने पूर्ण रूप से विकसित क्यों नहीं हुए? वह फिर अपनी पूर्व मनःस्थिति में आ गया, फिर ईश्वर से शिकायत करने लगा। उसने कहा-"तुमने जरूर कोई न कोई चाल चली है, अन्यथा ऐसा कैसे हो सकता है?"

वह दुःखी था, बहुत ही दुःखी।

वह प्रकाश-पुँज पुनः प्रकट हुआ और किसान से उसके दुःख का कारण पूछा।

किसान ने पूरी घटना सुनाई और उसका कारण जानना चाहा।

ईश्वर मुस्कुराये और किसान से कहा-"वत्स! फसल उगने के लिए जो संघर्ष होता है, उसके उगने के लिए, अस्तित्वमान होने

के लिए, धूप सोखने के लिए, जल सोखने के लिए, यही संघर्ष दानों को पूर्ण रूप से विकसित करता है। तुम ऐसा मनुष्यों में भी देख सकते हो। एक मनुष्य जितना अधिक व्यायाम करता है, उसका शरीर उतना ही हृष्ट-पुष्ट हो जाता है। अतः वत्स! जीवन में किया गया संघर्ष, जीवन को एक सुखद परिणाम देता है। अब तुम जीवन को समझ सकते हो! जीवन स्वयं प्रकृति और प्राणी के बीच संघर्ष की परिणति है।"

अब किसान जीवन की मौलिक प्रक्रिया को समझ गया था, अतः वह ईश्वर की सत्ता में वापस लौट गया।

यह जीवन में आये संघर्ष ही हैं, जो जीवन को खूबसूरत बनाते हैं। ये बाधायें, ये कठिनाइयाँ ही जीवन को जीवंत रखती हैं।

अब किसान जीवन की प्रत्येक स्थिति, प्रत्येक पक्ष से प्रेम करने लगा। उसने जीवन के अन्तरतम सिद्धांत को समझना शुरू कर दिया; जो कि अद्वितीय है, जीवन को जस का तस स्वीकार करना और जाने देना। क्योंकि तभी आप उस पर केन्द्रित हो सकते हैं, जो आप जीवन से चाहते हैं।

और यहाँ से मैं एक नयी यात्रा आरम्भ करता हूँ, जो आप को उस क्षण पुनर्विचार के लिए प्रोत्साहित करेगी, जब आप हताश हों या जब आप चिन्तित हों।

"संघर्ष ही वो कुञ्जी है।"

पेड़ों को देखिये, पशुओं को देखिये, उनके साथ घट रहे आनन्द को देखिये। उनके जीवन में संघर्ष रत्ती भर भी कम नहीं है, किन्तु फिर भी वे हर्षोन्मत्तता के साथ सौंदर्यपूर्ण हैं।

एक दिन पिकासो (जगत प्रसिद्ध चित्रकार) एक जंगल से गुज़र रहा था।उसने एक गिरगिट को पेड़ पर बैठे हुए देखा।उसे देखने के बाद वह रुका और उसकी तरफ़ ऐसे बढ़ा जैसे वह उससे कुछ कहना चाहता हो। उसने गिरगिट को देखते हुए कहा-"तुम यहाँ जंगल मे हो और तुम प्रसन्न हो किन्तु मैं नहीं हूं!"

वह प्रसन्न क्यों नहीं था?पिकासो जैसा मनुष्य इतनी समृद्धि, इतनी प्रसिद्धि।फिर भी वह प्रसन्न क्यों नहीं था? आखिर क्यों?क्या हो गया है मनुष्य को? जब पुरा अस्तित्व इतना हर्षोल्लासित है तो फिर मनुष्य को क्या हो गया है?

मुझे सड़क के किनारे चुपचाप खड़े होकर यातायात देखना अत्यधिक पसन्द है। मुझे इसमें आनन्द आता है क्योंकि मुझे लोगों को देखना बहुत पसन्द है। जब मैं यातायात को देखता हूँ तो मेरा लक्ष्य यातायात को देखना नहीं होता वरन् दौड़ते-भागते मनुष्यों को देखना होता है। यह साधारण-सा समय व्यतीत करने का प्रयास है, किन्तु बहुत मूल्यवान है। इसने

मुझे मानव समाज की भावनाएं, बेचैनी और उस आपाधापी को समझने में बहुत सहायता की जिससे यह समाज गुजर रहा है। मैंने कभी भी उनके चेहरे पढ़ने की चेष्टा नहीं की अपितु हमेशा अपने अंतर्मन को उनके अंतर्मन से जोड़ने की चेष्टा की और उनके अंतर्मन को अनुभव करने की चेष्टा की।

मैंने उनके अंतर्मन में कोई आनन्द अनुभव नहीं किया, कोई संतुष्टि अनुभव नहीं की। चाहे वह कोई धनी व्यक्ति हो या विपन्न; वह पैदल चल रहा हो या कार से, कोई अन्तर नहीं है। मैंने कभी संतुष्टि नहीं देखी उनके चेहरे पर। सभी भाग रहे हैं, सभी किसी स्वप्न का पीछा कर रहे हैं, और सभी भविष्य में जी रहे हैं, जैसे भविष्य में कोई खज़ाना तलाश कर रहे हों। मैं इन धनी लोगों को देख कर आश्चर्य में हूँ; बल्कि मैं कहना चाहूँगा कि मैंने किसी धनी व्यक्ति को आजतक देखा ही नहीं। वही पुरानी दौड़। चाहे धनी हो या विपन्न। मूलतः यह दौड़ दोनों के लिए एक ही है।

गरीब व्यक्तियों के सन्दर्भ में यह समझा जा सकता है कि वे संतुष्ट नहीं हैं, उन्हें किसी अभीष्ट की ललक है। किन्तु ये धनी व्यक्ति भी क्यों उसी अवस्था में हैं? वो किस अभीष्ट की ललक में हैं? इस मूर्खता की क्या आवश्यकता है?

यह मुझे हमेशा आश्चर्यचकित करता है।

लेकिन ईश्वर का लाख-लाख शुक्र है, बच्चों को देखिये, देखिये उनको! वो अपने आप में कितनी संतुष्टि, कितना आनन्द अनुभव करते हैं। उनके रोम-रोम से सौंदर्य टपकता है। वो अपना आनन्द, अपना जीवन पूर्णता से अभिव्यक्त करते हैं। यहाँ तक कि यदि आप किसी व्यक्ति को सुन्दर ढंग से दुःखी देखना चाहते हैं, तो आप एक बच्चे को देख सकते हैं। उनकी उदासी भी पूर्णता से प्रकट होती है। किसी बच्चे को रोते हुए देखिये। आप झट से उसे हँसाने में लग जायेंगे। आप उसे झट से अपना प्रेम देने लगेंगे। क्योंकि उसका दुःख भी पूर्ण है, खोखलापन नहीं है उसमें।

लेकिन जैसे-जैसे वो बड़े होते जाते हैं, उस आनन्द को भूल जाते हैं। वे मानव समाज की प्रौढ़-भ्रांतियों के साथ घुल-मिल जाते हैं।

क्या हो गया है मनुष्य को? बुद्ध आकर चले गए, महावीर आकर चले गए, कृष्ण आकर चले गए लेकिन मनुष्य नहीं बदला। वो उतना दुःखी आज भी है, जितना पहले था। यहाँ तक कि तकनीकी और आर्थिक प्रगति भी मनुष्य को संतुष्ट नहीं कर पा रही है।

हर आदमी किसी न किसी स्वप्न के पीछे भाग रहा है। किन्तु क्या आपने देखा है, आप सफलता पाने के बावजूद आप

असंतुष्ट ही रहते हैं। इस पुस्तक को लिखने के पीछे यही उद्देश्य था।

यह पुस्तक मनुष्य के संतुष्ट होने के कारणों को समझने के लिए तथा उसके प्रति सही दृष्टिकोण विकसित करने के लिए एक प्रयास है। इस भाग का आरम्भ मैंने किसान के जीवन में समस्याओं और चुनौतियों के महत्व की विवेचना से किया। समस्याएं या चुनौतियाँ एक मनुष्य को अंतर्दृष्टि प्रदान करती हैं, समस्याएँ एक मनुष्य को थोड़ा सा जागृत करती हैं। वह मनुष्य अपने जीवन का ज्यादा गहराई से विश्लेषण करने में सक्षम हो जाता है। अब हमें समस्याओं की प्रकृति समझनी पड़ेगी। हम पशुओं को देख सकते हैं, वो इतनी समस्याओं का सामना करने के बावजूद हर्षित दीख पड़ते हैं।

समस्याएं और चुनौतियाँ दो प्रकार की हो सकती हैं। पहली अस्तित्वगत कही जा सकती है और दूसरी अहंकार जनित। हमें इन दोनों के बीच अन्तर को समझना पड़ेगा।

अस्तित्वगत समस्याएँ या चुनौतियाँ जीवन के विरोध से उत्पन्न होती हैं। सम्पूर्ण अस्तित्व आपको चुनौतियाँ देने के लिए तत्पर है। पशुओं और पौधों के साथ मात्र अस्तित्वगत समस्याएं हैं। भोजन की व्यवस्था करना, रहने के लिए अनुकूल स्थान का चयन करना, प्रजनन करना बस। उनके

जीवन की सभी चुनौतियाँ इन्हीं समस्याओं से सम्बंधित होती हैं, और कुछ भी नहीं। यदि एक पशु दूसरे पशु को मारता भी है, तो मात्र भोजन के लिए। उनकी सारी समस्याएं मात्र अस्तित्वगत हैं। किसी भी प्रकार से अस्तित्व में बने रहना और अपने जीवन का आनन्द उठाना, बस इतना ही।

किन्तु मनुष्य के सन्दर्भ में यह पूछा जाना चाहिए कि उसकी वास्तविक समस्याएँ अस्तित्वगत हैं या कुछ इससे भी बड़ी? हिन्दू धर्म शास्त्रों में एक अत्यन्त सार्थक शब्द है "माया"। यदि हमें अस्तित्वगत समस्याओं और उससे इतर समस्याओं के मध्य अन्तर को समझना है, तो हमें "माया" शब्द को समझना होगा। इस शब्द के दो अर्थ हैं। सामान्यतः इस शब्द का अर्थ होता है "भ्रमजाल": यह सम्पूर्ण जगत एक भ्रमजाल है, एक मरीचिका है। किन्तु इस शब्द का एक अन्य अर्थ है। यह अर्थ मेरी अवधारणाओं के अधिक निकट और अधिक उपयुक्त है, जिनकी मैं चर्चा करने जा रहा हूँ। प्रत्येक मनुष्य दो संसारों में रहता है।

एक संसार जो वास्तविक है। जिसमे यह सम्पूर्ण ब्रह्माण्ड, ये पेड़, ये जीव-जन्तु, मकान, पहाड़, मशीनें, सड़कें, ट्रेन, नदियाँ इत्यादि हैं। और उसका दूसरा संसार वह उसके स्वयं मे है, जो उसने स्वतः निर्मित किया है। यह संसार सम्पूर्ण सृष्टि का

बोध-मात्र है। यह संसार उसे उसके विचारों और उसके स्वयं के बोध से मिला है।

यह समझने के लिए हमें वह प्रक्रिया समझनी पड़ेगी जिससे गुजरकर हम संसार का इन्द्रियबोध करते हैं। उदाहरण के लिए यदि आप ये कहें कि आप किसी वस्तु को देख रहे हैं, किन्तु प्रश्न यह है कि आप उसे देखने में कैसे समर्थ हो सके हैं? आप कहेंगे कि अपनी आँखों की सहायता से। किन्तु क्या आप वस्तु को प्रत्यक्ष देख रहे हैं? किसी वस्तु को देखने के लिए आपको एक ज्ञानेन्द्री की आवश्यकता है और वो आपकी आँखें हैं। किन्तु सत्य तो यह है कि आप अपनी आँखों से भी प्रत्यक्षतः नहीं देख रहे हैं। यदि आप इस प्रक्रिया को समझें, तो आप पायेंगे कि प्रकाश की किरणें आँखों के लेंस से गुजरने के बाद रेटिना पटल पर वस्तु का प्रतिबिम्ब बनाती हैं। रेटिना में प्रकाशिक तंत्रिकाएं होती हैं, जो इस प्रतिबिम्ब को संकेतों में परिवर्तित कर मस्तिष्क के उस भाग में स्थानान्तरित करती हैं, जो इन संकेतों को समझने में सक्षम है। यह आपकी संसार को देखने की क्रियाविधि है। इसी प्रकार अन्य इन्द्रियों के भी कार्य हैं, जैसे सूँघना, छूना, आस्वादन इत्यादि। इसलिए जब आप अपनी इन्द्रियों द्वारा संसार का बोध कर रहे हैं, तब आप वास्तव में संकेतों को पढ़ रहे हैं। अतः आप किसी का प्रत्यक्ष बोध नहीं कर रहे हैं अपितु इसके पीछे एक महान क्रियाविधि

कार्य कर रही है। और कोई भी क्रियाविधि दोषरहित नहीं हो सकती है। अतः किसी भी वस्तु का बोध करने के लिए आपको संकेत निर्माण के स्त्रोत से लेकर अंतिम कुटानुवाद के लिए प्रत्येक कल-पुर्जे की आवश्यकता है। इस प्रक्रिया में जरा सी कमी से, कुछ भी गलत होने पर, आप वास्तविक संसार का बोध करने में समर्थ नहीं हो पाएंगे। और यही सच्चाई है।

यह क्रियाविधि अनेकों कारणों से प्रभावित हो सकती है। इनमे से कई कारण बहुत बड़े हैं और अन्य कारण अत्यन्त सूक्ष्म हैं।

आपने हठ योगी अवश्य देखे होंगे, लोहे की कीलों की चादर पर बैठे हुए। क्या आप ऐसे बैठने की कल्पना कर सकते हैं। आप नहीं कर सकते, कल्पना में भी आप अपने शरीर के लिए इतना दुष्कर और कष्टप्रद कार्य नहीं कर सकते। आप ऐसा क्यों नहीं कर सकते? क्योंकि आपका शरीर हठयोगी के शरीर से ज्यादा संवेदनशील है। उसका शरीर ऐसा कैसे हो गया? उसने अपने शरीर को कीलों के ऊपर लंबे समय तक बैठने के अभ्यास से संवेदनहीन बना लिया है। प्रारंभ में यह अभ्यास उसके लिए भी असुविधजनक रहा होगा। किन्तु नियमित अभ्यास करने से उसके शरीर के एक भाग की इन्द्रियबोध की क्रियाविधि की, कीलों द्वारा हो रही वेदना के इन्द्रियबोध की क्षमता क्षीण से क्षीण होती गयी और अब वह कीलों की चादर पर सुगमता से बैठ सकता है। अतः अब उसके शरीर के एक विशेष हिस्से की

स्पर्शानुभूति की क्रियाविधि ठीक तरह से कार्य नहीं कर रही हैं; और शरीर के उस भाग की सूचनाएं मष्तिष्क तक ठीक से नहीं पहुँच पा रही हैं।

यह एक उदहारण था यह स्पष्ट करने के लिए कि कैसे बड़े कारकों से शरीर के इन्द्रियबोध की क्रियाविधि प्रभावित होती है।

एक और उदहारण लें; एक मोतियाबिंद का रोगी ठीक से देख नहीं सकता विशेषकर रात्रि में। क्यों? क्योंकि एक रोग के कारण उसकी रेटिना ठीक से कार्य नहीं कर पा रही है।

हम सभी कभी न कभी जुकाम के अनुभव से गुजरे ही हैं।इस अस्वस्थता के दौरान हमारे नाक की सूँघने की क्षमता अत्यधिक क्षीण हो जाती है और यदि इस वक़्त हमारे नाक के सामने गुलाब का पुष्प भी लाया जाए तो हम इसकी सुगंध को नहीं महसूस सकेंगे।कारण,कि आपके नाक की संवेदना रोग के कारण क्षीण हो गई है।

यह बड़े कारण हैं, जिनसे 'माया' मनुष्य के बोध में प्रवेश कर सकती है।

जो व्यक्ति माया से प्रभावित होता है, वह सृष्टि का बोध ठीक उसी प्रकार जैसी की सृष्टि वास्तव में है, नहीं कर पाता अपितु

उसके ज्ञानेन्द्रियों की अक्षमता उसके इन्द्रियबोध को प्रभावित करती है। अतः वह सही बोध नहीं कर पाता है। गुलाब की सौम्य सुगन्ध उसके लिए नहीं है। कीलों के ऊपर बैठना बहुत खतरनाक और कष्टप्रद है किन्तु उस हठयोगी के छद्म संसार में वह कष्ट अस्तित्वहीन है। यह माया है, जिसने आपका स्वयं का एक छद्म संसार निर्मित किया है।

यह तो थे बड़े कारण जिनसे माया निर्मित हो सकती है। किन्तु, कुछ अतिसूक्ष्म कारक भी हैं; जिनसे हमारी इन्द्रियबोध की क्रियाविधि प्रभावित हो सकती है। इन अत्यन्त सूक्ष्म कारकों को समझना भी अत्यन्त आवश्यक है। आवश्यक इसलिए क्योंकि मानव सृष्टि की अहं-केंद्रित समस्याएँ इन्हीं अतिसूक्ष्म कारकों से उत्पन्न होती हैं।

 मुझे ठीक-ठीक तो पता नहीं लेकिन, पिछली पाँच शताब्दियों से या उससे भी अधिक या मानव इतिहास के आरम्भ से त्वचा का रंग इतना प्रभावी कारक क्यों रहा कि गोरे लोगों ने सम्पूर्ण मानवता पर शासन किया। जब भारत में और विश्व के अन्य भागों में अंग्रेजों का शासन था, कुछ अंग्रेजों द्वारा दिया गया वक्तव्य अंग्रेजों में ही बहुत प्रशंसित हुआ, कि उनका रंग गोरा है, उन्हें ईश्वर ने औरों से श्रेष्ठतर बनाया है, और ईश्वर ने उन्हें शासन करने के लिए ही भेजा है। मैं इतिहास पर बात करने नहीं जा रहा हूँ मेरा संकेत किसी अन्य विषय की ओर है।

किन्तु सम्पूर्ण मानव इतिहास पर इस इकलौते विचार का प्रभाव सभी जानते हैं और यह भी जानते हैं कि मनुष्यता ने कितना संघर्ष किया, मात्र और मात्र इस इकलौते विचार के कारण। क्या गोरे वास्तव में अश्वेतों से श्रेष्ठतर हैं या यह मात्र एक बेतुका विचार है? क्या वास्तव में ईश्वर ने श्वेतों और अश्वेतों में भेद किया है? ईश्वर दोनों को वही प्राणवायु, वही जल, वही सूर्य का प्रकाश दे रहा है। किन्तु, मनुष्य के इस श्रेष्ठता के बोध ने मनुष्यता को बड़े संघर्ष में डाला है। हमारे विचार भी हमारे बोध को प्रभावित करते हैं, यह भी माया है; एक छद्म संसार का निर्माण, कि श्वेत अश्वेतों से श्रेष्ठतर हैं।

यह एक उदाहरण है, उन सूक्ष्म कारकों का जिनसे माया निर्मित होती है।

भारत और कुछ अन्य एशियाई देशों में, युवक या युवतियाँ जब जीवनसाथी की खोज करते हैं तब वे गोर रंग के प्रति अत्यधिक मुग्ध रहते हैं, भूरे और साँवले रंग की अपेक्षा। विशेषकर युवक! क्या हो गया है उनकी आँखों को? क्या उनकी आँखें स्वस्थ हैं तो समस्या कहाँ है? वो जिस समाज से सम्बंधित हैं उसके बजबजाते, विद्रूप और कुत्सित विचारों के कारण।

उनके समाज में रहने वाला प्रत्येक व्यक्ति गोरे रंग को अत्यधिक वरीयता देता है, और उस समाज में रहने के कारण एक वैचारिक सम्मोहन का सृजन होता है, जिसके कारण वह भी गोरे रंग के प्रति अत्यधिक मुग्ध रहता है। भारत गोरेपन के उत्पादों का एक बहुत बड़ा बाज़ार है।

यह सूक्ष्मतर कारकों का एक अन्य उदाहरण था जिससे माया का सृजन होता है।

क्या आप मानव समाज की इन समस्याओं को अस्तित्वगत समस्याएं मान सकते हैं?आपका उत्तर निश्चित ही "बिल्कुल नहीं" होगा। यह समस्याएं आपके स्वतः के विचारों के कारण उत्पन्न हो रही हैं। अतः यह समस्याएँ अहं-केन्द्रित समस्याएँ हैं।

हम आगे की चर्चा के लिए एक अन्य उदहारण लेते हैं।

भारत के कुछ राज्यों में स्त्रियों की जनसंख्या पुरुषों से बहुत कम है; 1000 पुरुषों पर 880 महिलाएं, अत्यन्त भयावह आँकड़े हैं। क्या कारण है इसके पीछे?

वे लड़कियों को अपने और अपने परिवार के लिए बोझ समझते हैं। उनके पास ऐसा सोचने के लिए कई कारण हो सकते हैं। पहला कारण दहेज़ है। साधारणतः उन्हें कन्या के विवाह में

बहुत धन व्यय करना पड़ता है। उनकी सामाजिक संरचना ऐसी है कि जीवन के हर क्षेत्र में महिलाओं को दबाया जाता है, शोषित किया जाता है। वे लड़कियों को शिक्षित नहीं करना चाहते हैं। यह सभी विचार सामाजिक बंधनों के कारण ही अस्तित्व में हैं। कई बच्चियाँ जन्म के तुरन्त बाद मार डाली जाती हैं, और कई तो गर्भ में ही मार दी जाती हैं। बहुत सी बच्चियाँ कुपोषण से मर जाती हैं। बहुत सारी अशिक्षित ही रह जाती हैं। यह मूढ़ता क्यों? मात्र और मात्र एक कुत्सित विचार के कारण कि स्त्रियाँ पुरुषों से निम्नतर हैं। किन्तु मात्र एक प्रचलित विचार के कारण वे इतने पतित हो गए कि वे हत्या तक करने को तत्पर हैं। कितना शर्मनाक है यह! वे विक्षिप्त हो गए हैं। इस सामाजिक भ्रान्ति का प्रभाव उनके बोध पर इतना अधिक है कि वे अन्धों जैसा व्यवहार कर रहे हैं, जैसे समाज ने उन्हें बहुत गहन सम्मोहन में डाल दिया हो। यह सूक्ष्मतर प्रकारों का एक अन्य उदहारण है, जिससे माया मनुष्य को जकड़ लेती है और उसकी दृष्टि दोषपूर्ण हो जाती है।

ईश्वर ने जिनका सृजन किया है, उनमें मनुष्य को सर्वाधिक बुद्धिमान माना जाता है। किन्तु मानव की गतिविधियाँ, जैसी कि मैंने ऊपर चर्चा की, देखकर मुझे मनुष्य की बुद्धिमता पर पुनर्विचार करने के लिए विवश होना पड़ा है। माया का

अवास्तविक संसार मनुष्य की बुद्धिमता को क्षीण कर देता है।

मैं एक छोटी सी घटना सुनाता हूँ।

कुछ वर्ष पूर्व मेरे एक पुराने मित्र मेरे घर आये। मैं उनसे बहुत समय के बाद मिल रहा था। मैं उन्हें इतने समय बाद अपने साथ देखकर बहुत प्रसन्न था। अतः मैंने उनकी अच्छी से अच्छी खातिरदारी करने की सोची। मैंने उनसे पास की एक झील घूमने को कहा, जिससे कि हम अपने पुराने और सुहावने दिनों की स्मृतियाँ ताजा कर सकें, जो हमने साथ में बिताये थे। आख़िरकार मित्र सबसे मूल्यवान होते हैं और झील वास्तव में घूमने के लिए बहुत ही मनोरम स्थान थी।

मैं वहां घूमते समय सचमुच आनंद उठा रहा था। लेकिन, मैंने गौर किया कि मेरे मित्र बहुत आनन्दित नहीं हैं। उलटे उन्होंने अन्य सुन्दर स्थानों के साथ उस स्थान की तुलना शुरू कर दी, जहाँ-जहाँ वो पहले घूम चुके थे। उन्होंने मुझसे कहा "यह स्थान सुन्दर तो है लेकिन अन्य स्थानों की तुलना में बहुत कम। "उन्होंने कई स्थानों के नाम गिनाये और बताया कि वे स्थान इस स्थान से बहुत ख़ूबसूरत थे। और वे इस गाँव जैसे छोटे स्थान के लिए लगातार कहे जा रहे थे कि यहाँ घूमना कोई बुरा नहीं है लेकिन यह कोई बहुत अधिक सुन्दर या

रमणीय स्थान नहीं है। मैं स्वयं को बड़ा असहाय अनुभव कर रहा था क्योंकि तुलना का कोई औचित्य ही नहीं था।

यदि कोई वस्तु सुन्दर है तो है। उसका वर्तमान में आनन्द लिया जाये, किसी पूर्व अनुभव से उसकी तुलना क्यों करें? यहाँ तक कि आप 'सौंदर्य' जैसे विषय को भी तुलना करके उस आनन्द को विनष्ट किये दे रहे हैं, जो उसमें निहित है। ये क्या तुक है? और, इसके बाद आप आनन्दित होने के बारे में सोच भी कैसे सकते हैं।

इस घटना से आप समझ सकते हैं कि मनुष्य कितने अस्पष्ट बोधों से ग्रसित हो गया है। ऐसा इसलिए है क्योंकि हम पूर्व अनुभवों को जी चुके हैं एवं वर्तमान को जी रहे हैं और हम वर्तमान एवं अतीत के अनुभवों तथा विचारों को मिश्रित कर रहे हैं। जिसके कारण हमारा बोध अस्पष्ट हो गया है। इस प्रकार हम अपने संसार का सृजन करते हैं; अपना संसार, अपने विचारों का संसार। और यह संसार ही 'माया' का संसार है; अवास्तविक संसार, छद्म संसार।

इस प्रकार दो संसार होते हैं-एक जो हमारे चारो ओर व्याप्त है, जो वास्तविक है। एक अन्य संसार है जो हमारे विचारों, हमारे अनुभवों, हमारी कल्पनाओं और हमारी स्मृतियों से निर्मित

हुआ है। इस प्रकार धरती पर जितने मनुष्य हैं उतने संसार हैं। और मैं माया के संसार के बारे में बात कर रहा हूँ।

मैंने सुना है कि एक बार एक आदमी अपनी कार से किसी राजमार्ग से गुजर रहा था। रास्ते में एक छोटे से गाँव के निकट कार का एक पहिया पंचर हो गया। रात बहुत हो चुकी थी। उस राजमार्ग पर उस वक़्त कोई व्यक्ति न था, जिससे वह सहायता माँग सके और उसके पास टायर बदलने वाला जैक भी नहीं था। सौभाग्य से उसने सड़क के किनारे एक घर देखा। अतः वह सहायता मांगने के लिए उस घर की ओर बढ़ने लगा। उसके पैर उस घर की ओर अवश्य चल रहे थे पर उसके अन्दर एक विपरीत वैचारिक प्रक्रिया चल रही थी "यह एक अनपढ़ गँवार का घर है। एक गाँव वाले के पास कार के लिए जैक कैसे हो सकता है? निश्चित ही उसके पास नहीं होगा। और यदि हुआ भी तो वह मुझे नहीं देगा। ये गँवार लोग अभद्र भाषा का प्रयोग करते हैं। यह मुझे डाँट भी सकता है।"

किन्तु उसके पास कोई और चारा नहीं था। इसलिए चलता रहा। वह दरवाजे के पास पहुँचा और उसने दरवाजा खटखटाया। एक सभ्य आदमी ने दरवाजा खोला उसने विनम्रता से अभिवादन किया और पूछा-"स्वागत है श्रीमान! कहिये, मैं आपकी क्या सहायता कर सकता हूँ?"

लेकिन वह आदमी जिसने दरवाजा खटखटाया था, वो अपने पूर्वाग्रहों से ग्रसित था। उसने उस घर और उस सभ्य आदमी की ओर उपेक्षा से देखा और कहा-"क्षमा करना, लेकिन तुम मेरी सहायता नहीं कर सकते।"

"(रहने दो, तुम मेरी सहायता नहीं कर सकते।)"

बड़ी आश्चर्यजनक कथा है, लेकिन यदि ध्यान दें तो पाएंगे कि यह आपके जीवन में रोज ही घटित हो रहा है।

हम जो कुछ करते हैं या देखते हैं; वो व्यक्ति हो या वस्तु, हम सदैव अपने विचार और अन्तः- निर्मित छवियाँ उनपर प्रक्षेपित करते हैं। और एक बार फिर यह उस दूसरे संसार, माया के संसार में रहने के कारण होता है। यही छद्म संसार हमारे वास्तविक बोध को प्रभावित करता है।

अब अस्तित्वगत समस्याओं और अहं-केंद्रित समस्याओं के बीच के अंतर को आसानी से समझा जा सकता है। अहं-केंद्रित समस्याएं अवास्तविक संसार, छद्म संसार, माया के संसार से उपजती हैं। अस्तित्वगत समस्याओं की प्रकृति पूरणीय (जो पूरी हो सके) है। किन्तु अहं-केंद्रित समस्याएं आपको कहीं नहीं ले जाती हैं। यह आपको गोल गोल घुमाती रहती हैं और आप कहीं नहीं पहुँच पाते हैं।

आइये समझने का प्रयत्न करते हैं। कुछ उदहारण लें।

यदि आप भूखे हों तो आप क्या करेंगे? स्वाभाविक है कि आप भोजन की व्यवस्था करेंगे। भूख एक अस्तित्वगत समस्या है और आप इसे दरकिनार नहीं कर सकते हैं। यदि आप भूखे हैं तो आपको कुछ खाना ही पड़ेगा और खाने से आपकी यह समस्या हल हो जायेगी। किन्तु भोजन करना स्वयं में ही संतोषप्रद है और यह आगे कार्य करने के लिए आपको ऊर्जा भी प्रदान करता है। और भोजन की व्यवस्था करने की प्रक्रिया में आपको कुछ कार्य करना पड़ता है। वह कार्य करने की क्रियाशीलता आपको शारीरिक और मानसिक रूप से विकसित करती है।

अतः अस्तित्वगत समस्याएं अपनी प्रकृति के कारण पूरणीय हैं। यह आपके शरीर या आत्मा या दोनों को कुछ आनन्ददायी अनुभवों; पोषण और तृप्ति के द्वारा संतोष देती हैं।

अस्तित्वगत समस्याएं आवश्यक हैं और उनको हल करने की प्रक्रिया में हम सम्यक् रूप से आनन्दित और विकसित होते रहते हैं।

भूख मात्र एक उदहारण था आपको समझाने के लिए। शरीर की अन्य आवश्यकताओं को भी अस्तित्वगत समस्या के रूप में देखा जाना चाहिए। किन्तु जहाँ तक मनुष्य का प्रश्न है,

उसकी अस्तित्वगत समस्याएं भी उसकी शारीरिक आवश्यकताओं से परे हैं। वह इस विषय में पशुओं से भिन्न है। मनुष्य मात्र अपनी शारीरिक आवश्यकताओं को पूरा करके संतुष्ट नहीं रह सकता।

मनुष्य की सभ्यता को देखिये।

इतने प्रकार की कलाएं क्यों हैं? इतने प्रकार के संगीत क्यों हैं? इतने प्रकार के नृत्य, इतने प्रकार के वैज्ञानिक कार्य, लेकिन क्यों?

क्योंकि मनुष्य की आवश्यकताएं शारीरिक आवश्यकताओं से परे हैं। उसकी आवश्यकता उनसे कुछ अधिक है। शारीरिक आवश्यकता सर्वथा अपेक्षित है, किन्तु इनके पूर्ण हो जाने के बाद, मनुष्य की अभिलाषा इनके पार जाने की होती है। उसके पास स्वयं से पूछने के लिए कई प्रश्न होते हैं।

यह अस्तित्व क्यों है? यह समूचा अस्तित्व है क्या? यह जैसा है, वैसा क्यों है? क्या यह इससे कुछ भिन्न नहीं हो सकता था?वह(मनुष्य) खोजता है। वह अज्ञात के बारे में, अनन्त के बारे में, परे के बारे में खोजता है और इसीलिए उसने इतनी चीजों का सृजन किया है। कला की इतनी सारी विधाएँ, इतने सारे वैज्ञानिक अनुसन्धान, वह सर्जक बनना चाहता है, रचयिता बनना चाहता है; किसी न किसी चीज का रचयिता।

वह स्रष्टा होना चाहता है, वह ईश्वर बनना चाहता है।

उससे कम पर वह कदापि संतुष्ट नहीं हो सकता। वह समकक्ष होना चाहता है; ईश्वर के, स्रष्टा के समकक्ष। ईश्वर एक सर्जक लगता है, रचयिता लगता है, स्रष्टा लगता है; इस ब्रह्माण्ड, इस सृष्टि का रचयिता। अतः मनुष्य भी सृजन करना चाहता है। इसीलिए किसी वस्तु के सृजन के प्रति इतना आकर्षण है।

आप देख सकते हैं कि ईश्वर एक सर्वश्रेष्ठ रचयिता है। वह सर्वश्रेष्ठ नर्तक है, जो समूचे नृत्यमान अस्तित्व से झलक रहा है। वह सर्वश्रेष्ठ गायक है; जो पक्षियों के चहचहाने में गा रहा है, पशुओं के बोलने में गा रहा है। एक अनाहत नाद है जो समूचे अस्तित्व में गा रहा है। वह सर्वश्रेष्ठ चित्रकार है; जिसने इस समूचे ब्रह्माण्ड को कितनी सुंदरता से रंगा है, कितने प्रकार के पेड़ों से, कितने प्रकार के फूलों से, भाँति-भाँति की वनस्पतियों से, अनेकों प्रकार की झीलों से, सागरों से, अन्तहीन और अनिर्वचनीय सृजनों से।

इसलिए सृजन के प्रति इतना आकर्षण है।

मानव की अस्तित्वगत समस्याएँ शारीरिक आवश्यकताओं से परे हैं।

देखिये अस्तित्व को! गहराई से देखिये। महसूस करिये इसे; अन्तरतम से महसूस करिए और आप एक नृत्य अनुभव करेंगे। तारों को देखिये, ग्रह-नक्षत्रों को देखिये और इस सकल अस्तित्व को देखिये। यदि आप इसके गहरे तल में झाँक सकें, तो आप देख सकेंगे कि वो एक निश्चित लय के साथ एकाकार हैं। यदि आप अपने अन्तःकरण से सुन सकें तो आप सुन सकेंगे इस सूक्ष्म लयबद्ध संगीत को। हमारा स्रष्टा, हमारा ईश्वर भी इसी लय के साथ आनंदित हो, आह्लादित होकर नाच रहा है। वह इस चराचर अस्तित्व में है और वह स्वयं अस्तित्व है। वह अस्तित्व के कण-कण में नाच रहा है, गा रहा है।

क्या आपने कभी किसी ऐसे विवाहित युगल की चिन्ता उनके दुःख को देखा है, जो किसी सन्तान को जन्म दे सकने में असमर्थ हैं? देखिये उन्हें, वे बड़े गहरे तनाव में दिखते हैं। उनके दुःख का कारण क्या है? वे एक-दूसरे से प्रेम करते हैं, वे एक दूसरे का बहुत ध्यान रखते हैं। किन्तु,एक छोटी सी कमी के कारण वे इतने तनाव में हैं। क्यों? यदि आप इस प्रश्न की गहराई से पड़ताल करें तो आप दोनों के मन में एक सन्तान को जन्म देने की अपूर्ण इच्छा ही पाएंगे। आप अपने आप को ऐसे किसी अन्य से प्रतिस्थापित करना चाहते हैं, जो कई मायनों में आपके ही समान हों, और आपने एक जीवित तत्व का सृजन

भी किया, आपने अस्तित्व को कुछ दिया (एक सन्तान के रूप में)। इसलिए सन्तान को जन्म देने की असमर्थता दुःखी करती है। मनुष्य सृजन करना चाहता है। वह सर्जक बनना चाहता है; ऐसा सर्जक जो ईश्वर के समकक्ष हो। सृजन के माध्यम से वह अपने आप की कल्पना ईश्वर के समकक्ष कर सकता है।

अतएव किसी भी प्रकार से मनुष्य द्वारा सृजनात्मक होने की इतनी अधिक आवश्यकता महसूस की गयी है। अस्तित्व के विषय में प्रश्न करना इसी इच्छा का एक भाग है। यह मनुष्य की आत्मा का आहार है। यह मनुष्य की आत्मा को ऊर्जा देती है।

इसके (सृजनात्मकता) के बिना मनुष्य की आत्मा अस्तित्वमान नहीं हो सकती है। अतः यह रचनाएँ, ये विज्ञान, कला की विधाएँ और ईश्वर के प्रति जिज्ञासा मानव की अस्तित्वगत आवश्यकताएं हैं।

मनुष्य की अस्तित्वगत समस्याएँ उसकी शारीरिक आवश्यकताओं और आध्यात्मिक आवश्यकताओं से मिलकर बनी हैं। इन समस्याओं का सामना करने और उन्हें हल करने की प्रक्रिया में आप उसी प्रकार विकसित होते हैं जैसे उस किसान की कहानी में, अनाज के दाने अस्तित्वगत समस्याओं का सामना करने में विकसित होते हैं। अस्तित्वगत

समस्याओं का सामना करना अनिवार्य है। इन समस्याओं का सामना किये बिना आप अपने जीवन को पूर्ण रूप से जीने में कभी सक्षम नहीं हो पायेंगे। आप एक विलक्षण कृति हैं। मात्र मनुष्य ही ईश्वर के समान रचयिता होने के बारे में सोच सकता है। और ईश्वर होने से कम कुछ भी मनुष्य को संतुष्ट नहीं कर सकता है।

और,इसीलिए ईश्वर की खोज मानव इतिहास का सबसे बड़ा प्रश्न रही है और आज भी है। यदि आप इस जीवन को पूर्ण रूप से जीना चाहते हैं तो आपको इस प्रश्न का उत्तर खोजना होगा। और आप ईश्वर को पाएंगे या नहीं, वो अलग बात है, वरन् यह तलाश स्वयं में ही बहुत खूबसूरत और रोमांचक है। इस समस्या का हल और यह समस्या स्वयं बहुत खूबसूरत है। इस तलाश में, इस अज्ञात की यात्रा में असीम आनन्द निहित है।

इस अध्याय का आरम्भ किसान की कहानी से करने का मेरा यही आशय था। जीवन की अस्तित्वगत समस्याएँ जीवन को वास्तविक अर्थ देती हैं।

वहीं अहं केंद्रित समस्याएँ आपको एक ही वृत्त में गोल-गोल घुमाती रहती हैं और आप कहीं नहीं पहुँच पाते---बस आपका अहंकार पुष्ट हो जाता है और कुछ नहीं।

सच्ची समझ

मनुष्य को उसके अहंकार को समझना होगा। यह प्रत्येक व्यक्ति के जीवन की सबसे बड़ी जिज्ञासा होनी चाहिए, तभी वह अहं-केंद्रित समस्याओं को समझ सकेगा। इन समस्याओं का हल ढूँढना व्यर्थ है। बोध मात्र अहं-केंद्रित समस्याओं का बोध पर्याप्त है और समस्याएँ हल हो गयीं। दरअसल ये समस्याएँ कोई समस्या थोड़े हैं। ये समस्याएँ आपके बोध में त्रुटि-मात्र हैं।

कल रात तकरीबन 12 बजे, जब मुझे नींद आ रही थी, तभी मेरे इनबॉक्स में मेरे एक प्रिय मित्र का सन्देश आया उसने लिखा था "चलो अब हम सो जाएँ। कल फिर हमें इस झूठे संसार का सामना करना है।" सन्देश में पीड़ा झलक रही थी।

मैं हैरान था, क्योंकि मेरा मित्र एक प्रसन्नचित व्यक्ति है। मैंने कभी उसे दुःखी या तनावग्रस्त नहीं देखा था। वो और उसकी पत्नी दोनों अच्छे पद पर कार्यरत हैं, अच्छा वेतन पाते हैं। (खुशहाल लोग हैं वे दोनों)। फिर वह दुःखी क्यों है? अतः

मैंने सन्देश का उत्तर देते हुए पूछा-"क्या हुआ?" किन्तु मुझे कोई उत्तर नहीं मिला। मैंने उसे इतनी रात गए बाधा पहुँचाना ठीक नहीं समझा।

इस संसार को ईश्वर ने इतने करीने से बनाया है, मैं इसमें कुछ भी झूठा या छद्म नहीं पाता। यह बहुत सुन्दर है।

लेकिन जब मैं दूसरा संसार देखता हूँ, वो संसार जिसमे इंसान रहता है, वो लगभग झूठा है। मनुष्य के अहंकार ने उसके लिए एक छद्म संसार बनाया है। यह अहंकार समाज बना रहा है मनुष्य के लिए और अहंकार उसके लिए छद्म संसार बना रहा है, माया का संसार, झूठा संसार, अवास्तविक बोधों का संसार; आप इसे कोई भी नाम दे सकते हैं। लेकिन सभी अहं-केंद्रित समस्याएँ इसी छद्म संसार से उपजती हैं।

यदि आप अहं-केंद्रित समस्याओं को समझना चाहते हैं, तो आपको इस छद्म संसार का गहन अन्वेषण करना चाहिए। बिना इन समस्याओं को समझे आप मनुष्य के लिए सर्वाधिक महत्वपूर्ण अस्तित्वगत समस्या के समाधान में प्रविष्ट नहीं हो सकेंगे और वो है स्वयं की तलाश, ईश्वर की तलाश।

इस खोज में प्रवेश करने के लिए आपको पहले अहं-केंद्रित समस्याओं को समझना होगा।

देखिये इन धनी लोगों को; करोड़पतियों को, अरबपतियों को, खरबपतियों को।

देखिये जरा!

संपत्ति का इतना संचय!

यदि आप उनके जीवन का गहराई से विश्लेषण करें तो पाएंगे कि वे मात्र संचय के लिए जी रहे हैं, मात्र संचय।

कभी-कभी मैं उस राजमार्ग से गुजरता हूँ, जो मेरे शहर को अन्य शहरों से जोड़ता है। उसके किनारे एक मकान है। एक धनी व्यक्ति का मकान। मैंने उसके सामने तकरीबन 20 कारें खड़ी देखी हैं। तीन लोगों (सदस्यों) का छोटा सा परिवार, फिर भी इतनी सारी गाड़ियाँ। कभी-कभी मैं सोचता हूँ कि इतने छोटे से परिवार के लिए इतनी सारी गाड़ियों का क्या प्रयोजन होगा?किन्तु मैं समझ सकता हूँ कि कहीं न कहीं ये जरूरत सामाजिक है। यह जरूरत कहीं न कहीं उस बोध की है, जो उसको यह समझाता है कि उसके पास जितनी ज्यादा संख्या में गाड़ियाँ होंगी, समाज उसको उतना धनी मानेगा। वह अपने धनी होने का प्रदर्शन करना चाहता है और ऐसा वह अपनी कारों के माध्यम से कर रहा है।

मैंने एक खूबसूरत शव(सुन्दर शव) के बारे में सुना है। और वो था सिकन्दर महान का। लेकिन उसके मृत शरीर मे सुंदर होने जैसा क्या था? ये वो संदेश था जो उसने अपने मृत शरीर के माध्यम से दिया। और वो बहुत महान संदेश था। यह संदेश था उसकी कुल समझ का, जो कुछ उसने अपने सम्पूर्ण जीवन से सीखा था। इसलिए उसकी मृत देह भी खूबसूरत थी, इसमें एक महान संदेश निहित था।

दरअसल जब सिकन्दर महान मरने वाला था; जब उसे यह आभास हुआ कि अब वह और अधिक जीवित नहीं रह सकेगा। जब उसे अपनी मृत्यु अत्यन्त निकट दीख पड़ी, तब उसने अपने मंत्रियों को बुलाया और कहा कि उसकी अंतिम यात्रा में, अर्थात कब्रिस्तान तक कि यात्रा के दौरान उसके दोनों हाथ खुले रहें। ताकि लोग देख सकें कि उसके जैसा इन्सान, सिकन्दर महान जैसा इंसान भी इस संसार से खाली हाथ जा रहा है, कुछ भी साथ नहीं, एक पैसा भी साथ नहीं।

उसे अपने जीवन के अंतिम दिनों में यह अनुभूति हुई कि उसने अपना जीवन व्यर्थ गँवाया; राज्य जीतने में, धन संचय करने में। किन्तु अंततः वो जा रहा है उनमें से बिना कुछ भी लिए, जिनके लिए उसने इतनी लड़ाइयाँ लड़ीं, इतना रक्तपात किया।

वह भारत भी आया था भारत को जीतने के लिए। यहाँ उसे जीवन इस परम सत्य की हल्की सी अनुभूति हुई थी। भारत मे उसके साथ ऐसा क्या हुआ था जिससे कि उसे ये अनुभूति हुई? भारतवर्ष हमेशा से अलग था। यहाँ पूर्व के लोगों का बोध पश्चिम के लोगों के बोध से पूरी तरह अलग है।

जब वह भारत आया तो उसे बिल्कुल अलग तरह के अनुभव हुए। एक बार जब वो भारत मे यात्रा कर रहा था; लम्बी दूरी तय कर चुकने के बाद वो और उसके सैनिक भूख और प्यास से व्याकुल थे। आश्रय और भोजन की काफ़ी खोज कर चुकने के बाद वे एक आश्रम मैं पहुंचे जहाँ एक सन्यासी और उसके कुछ शिष्य रहते थे। संन्यासी ने सिकन्दर का स्वागत किया । किन्तु सिकन्दर ने उपेक्षा की, वो घमण्ड में चूर था, आखिरकार उसने कई देशों को पराजित किया था; आख़िर एक साधारण संन्यासी उसके सामने ऐसे खड़ा भी कैसे हो सकता था। अतः उसने दम्भ भरे शब्दों में संन्यासी को आदेश दिया कि उसके एवं उसके सैनिकों के लिए भोजन एवं जल की व्यवस्था की जाए। भोजन परोस दिया गया। लेकिन सिकन्दर आश्चर्यचकित रह गया, उसे सोने की रोटियाँ और हीरे परोसे गए थे। अतः उसने संन्यासी को बुलाया और पूछा कि ये चीजें कैसे खाई जा सकती हैं। संन्यासी ने विनम्रता से उत्तर दिया- "श्रीमान! आप महान सिकन्दर हैं, एक महान सम्राट, मैं

आपको वैसी साधारण चीजें कैसे परोस सकता था, जिसे एक साधारण व्यक्ति खाता है। मैंने सोचा आप विशिष्ट हैं, अतः आपको कुछ विशेष परोसा जाना चाहिए। सोने से कम कोई भी चीज़ आपकी भूख कैसे शान्त कर सकती है?"

"किन्तु ये वस्तुएँ नहीं खाई जा सकती हैं।"-सिकन्दर बोला।

संन्यासी ने उत्तर दिया-"मैं साधारण भोजन परोस कर आपका अपमान कैसे कर सकता हूँ! अतः मैंने आपको स्वर्ण और रत्न परोसे हैं। कृपया इसे स्वीकार करें।"

संदेश स्पष्ट था और सिकन्दर महान इसे समझ भी गया था। और जब वो मरने लगा, तो उसने यह संदेश संसार को देना चाहा।

यह मानव जाति की लघुता की सीमा है कि वह विचारों के पर्दे से देखता है, जो उसे समाज ने दिया है। और यह पर्दा छद्म संसार है, माया का संसार। सभी अहं-केंद्रित समस्याएं इसी पर्दे से उत्पन्न होती हैं; जैसे कि यह एक चमत्कारिक पर्दा हो। यह पर्दा एक छद्म संसार को जन्म देता है। यदि आप वास्तविकता को देखना चाहते हैं तो आपको किसी प्रकार यह पर्दा गिराना होगा। आपको इस पर्दे से बाहर आना होगा।

किन्तु सिकन्दर वास्तव में महान था। क्योंकि वो ये महसूस कर पाया कि उसने यह अमूल्य जीवन निरर्थक ही गँवाया। कम से कम उसने यह महसूस तो किया; कम से कम उसने यह स्वीकार तो किया। हममें से कितने हैं जो इस छोटी सी बात को स्वीकार कर पाते हैं? वो अपना सम्पूर्ण जीवन संचय, संचय और मात्र संचय में गँवा देते हैं; किन्तु किसलिए, ये वो स्वयं भी नहीं जानते वरन मृत्युशय्या पर भी वो इस सत्य की उपेक्षा करते हैं। कम से कम सिकन्दर ने स्वीकार तो किया।

मैंने सुना है एक जमींदार था। वह बहुत व्यस्त रहता था। वह अपने व्यापार को बढ़ाने में, उसकी वृद्धि के प्रयासों में बहुत व्यस्त रहता था, एक बार वो अपने सहायक क़ाबिन से बात करते हुए, अपने खेतों से गुज़र रहा था। क़ाबिन उसके व्यापार का लेखा-जोखा रखता था, उसे सलाह देता था एवं उसके निर्देशों का पालन करता था। जमींदार ने क़ाबिन को कुछ और ज़मीनें खोजने को कहा जिन्हें खरीदकर वो अपना व्यापार बढ़ा सके और थोड़ा और अधिक धन अर्जित कर सके।

अधिक जमीनों की तलाश के दौरान क़ाबिन ने जमींदार को एक ज़मीन दिखाई जहाँ एक ग़रीब किसान अपनी पत्नी और बेटे के साथ रह रहता था। जमींदार ने उस ज़मीन के लिए यह कहकर मना कर दिया कि वह बहुत छोटी है और हमारे व्यापार के लिए बहुत उपयोगी नहीं है।

लेकिन संयोग से उस ज़मीन को देखने के दौरान, ज़मींदार ने गौर किया कि उस किसान में एक दुर्लभ गुण है जो बहुत कम लोगों में होता है। ज़मींदार ने उसकी आँखों मे एक विरल विश्रान्ति देखी, आनन्द की हिलोरें देखी, संतुष्टि और अहो भाव देखा। उसे देखने के बाद ज़मींदार बेचैन सा रहने लगा। वह अपने जीवन की तुलना उस किसान से करने लगा।

उसने गौर किया कि उसके पास सबकुछ है धन है, ढेर सारी ज़मीनें हैं, मवेशी हैं, रोपाई के लिए बड़ा भू-भाग है किंतु वह फिर भी प्रसन्न नहीं है। वो अपने काम मे इतना व्यस्त रहता कि रात को ठीक से सो भी नहीं पाता था। और यह ग़रीब किसान जिसके पास सम्पत्ति और सुविधाओं के नाम पर कुछ भी नहीं है, बस एक छोटा सा ज़मीन का टुकड़ा है, किन्तु फिर भी वह कितना प्रसन्न है।

ज़मींदार ने उस किसान की जासूसी करने की सोची, यह देखने के लिए कि उसकी रातें किस तरह गुजरती हैं। ज़मींदार यह देखकर बड़ा आश्चर्यचकित हुआ कि पूरी रात वो किसान बड़ी गहरी नींद में सोता रहा। और ज़मींदार अपनी पूरी जिंदगी में उतनी गहरी नींद में नहीं सो सका था। क्या कारण हो सकता है? उसने क़ाबिन से पूछा-"मैं इतना धनी हूँ, मेरे पास इतनी सम्पत्ति है, किन्तु मैं फिर भी सुखी नहीं हूँ। लेकिन इस ग़रीब

किसान को देखो! वह कितना प्रसन्न और संतुष्ट है! क्या कारण हो सकता है?"

क़ाबिन बुद्धिमान व्यक्ति था। उसे उत्तर पता था लेकिन वह चाहता था कि जमींदार स्वयं उत्तर खोजे। अतः उसने ज़मींदार से कहा-"यदि आप कारण पता लगाना चाहते हैं, तो जैसा मैं कहता हूँ आप वैसा ही करिये। "उसने कहा कि किसान के घर में निन्यानबे स्वर्ण मुद्राओं की एक पोटली गिरा दी जाए। ज़मींदार ने निन्यानबे स्वर्ण मुद्राओं से भरी एक पोटली क़ाबिन को दी और उसे उस किसान के घर मे गिराने को कहा। क़ाबिन ने ठीक वैसा ही किया।

सुबह किसान को अपने दरवाजे पर वो पोटली मिली। जब किसान ने उस पोटली को खोला, तो वह आश्चर्यचकित रह गया कि वो स्वर्ण-मुद्राओं से भरी हुई थी। उसने उन्हें गिनना शुरू किया, वो निन्यानबे थीं। उसने सोचा मैंने अवश्य गिनने में ग़लती की होगी, उसमें पूरे सौ सिक्के होने चाहिए। ईश्वर मुझे एक सिक्का कम क्यों देगा? उसमें अवश्य पूरे सौ सिक्के होंगे। अतः उसने फिर से गिनती की। लेकिन गिनती वही की वही निन्यानबे! उसने बार-बार गिना लेकिन स्वर्ण मुद्राएँ निन्यानबे की निन्यानबे! वह दुःखी हो गया। अंततः उसने थोड़ा अधिक कमाने का निर्णय लिया, ताकि वह उस पोटली में सौ की संख्या पूरी कर सके। वह नए काम की तलाश करन

लगा, ताकि वह एक स्वर्ण-मुद्रा अर्जित कर सके। क्योंकि उसका पुराना व्यापार उसकी आवश्यकताओं को पूरा नहीं कर सकता था। अब उसकी आवश्यकताएं बढ़ गयी थीं। अब उसकी इच्छा थी थोड़ा और, थोड़ा और, थोड़ा और.....................

उसने अपने घरेलू खर्चों में कटौती करनी शुरू कर दी। अब उसका रहन-सहन बदल चुका था। जगती हुई रातें अब उसके जीवन का हिस्सा हो चुकी थीं। अब उसे थोड़ा और चाहिए था, थोड़ा और, थोड़ा और.................

अब उसका प्रफुल्लित व्यवहार बदल चुका था। अब वह अपने बच्चे को डाँटने लगा था। वह अब पहले से बहुत व्यस्त रहने लगा था। जमींदार यह सब कुछ बारीक़ी से देख रहा था। उसे उत्तर मिल गया, उसे कारण पता चल चुका था कि ये जो थोड़ा और, थोड़ा और कि उत्कण्ठा है, इसने ही जीवन को इतना अपमानित, इतना कुण्ठित, इतना कष्टपूर्ण और इतना तनावग्रस्त बना दिया है। अन्यथा जीवन बहुत खूबसूरत है।

अतः, ज़मींदार किसान से मिला और उसे सच्चाई बताई। और कहा कि उसके जीवन को तनावपूर्ण बनाने के लिए वही (ज़मींदार) जिम्मेदाए है। उसने किसान से क्षमा माँगी। अब किसान को अहसास हुआ कि उसने क्या खो दिया था। उसने

पोटली वापस कर दी और अपने पुराने ढंग से जीवन जीने लगा।

यह 'थोड़ा सा और' ,'थोड़ा सा और' एक छलावा है। शुरू में यह बहुत सामान्य लगता है और लगता है कि यह हमारे जीवन को प्रभावित नहीं करेगा। लेकिन धीरे-धीरे यह हमारे अचेतन का हिस्सा हो जाता है और हम इस 'थोड़ा सा और','थोड़ा सा और' कि उत्कण्ठा से भर जाते हैं। यह एक आदत हो जाती है। और यह समझना बड़ा मुश्किल हो जाता है कि ये आदत हमारे जीवन को कितनी बुरी तरह प्रभावित कर रही है।

जीवन के हर पहलू को देखने के लिए बड़ी गहन अंतर्दृष्टि की आवश्यकता है। और यह अंतर्दृष्टि तभी विकसित होगी जब हम अपने जीवन को देखने के लिए तैयार होंगे। हमें आत्म-अवलोकन की वैसी क्षमता विकसित करनी होगी जैसे कोई और हमें देख रहा हो। केवल और केवल तभी एक समझ, एक गहरी समझ जन्म लेगी।

केवल तभी हमारे विचारों की परत हट सकती है, जब हम अपने स्वयं के जीवन को एक दूरी से देखने में सक्षम हो जाते हैं, जैसे कि कोई दूसरा हमें देख रहा हो। केवल तभी यह सूक्ष्म परत टूट सकती है और हमारा बोध स्पष्ट हो सकता है। केवल तभी हम अपनी अहं-केंद्रित समस्याओं को देखने में सक्षम हो

सकते हैं। और फिर अहं-केन्द्रित समस्याएं स्वतः ही समाप्त हो जाती हैं। यह मात्र इनके समझ लेने भर से समाप्त हो जाती है।

मात्र एक प्रकाश का स्त्रोत और अँधेरा छंट जाता है। अँधेरा प्रकाश के सामने टिक नहीं सकता है। एक प्रकाश स्त्रोत की आवश्यकता है।

आप स्वयं वह स्रोत हैं।

बस उस स्रोत को, प्रकाश को दीप्त कीजिये। अधिक से अधिक जाग्रत होइए। अपने जीवन के प्रत्येक पहलू को देखने के लिए थोड़ा और समय निकालिए किन्तु ठीक उसी तरह जैसे कोई और देख रहा हो। इस प्रकार एक नई ज्योति जन्म लेगी। एक नया प्रकाश उत्पन्न होगा।

क्या आप दर्पण के बिना अपना चेहरा देख सकते हैं? क्या आप प्रत्यक्षतः देख सकते हैं? नहीं!

आप अपने स्वयं के चेहरे को भी प्रत्यक्षतः नहीं देख सकते हैं। उस कार्य के लिए एक दर्पण की आवश्यकता होगी। यदि आप दर्पण के निकट, बहुत निकट आते जाएं, इतने निकट की आपका चेहरा दर्पण को छू रहा हो, तो आप अपना चेहरा नहीं देख सकेंगे। आपको दर्पण में आना स्वयं का प्रतिबिम्ब देखने

के लिये भी एक दूरी की आवश्यकता होती है। और ध्यान रहे मात्र अपना प्रतिबिम्ब देखने के लिए भी एक दूरी आवश्यक है; जो आप देख रहे हैं वह मात्र आपका प्रतिबिम्ब है, आप नहीं हैं।

और ठीक यही बात आपकी आंतरिक सत्ता, आंतरिक विचारों, आंतरिक कार्यप्रणाली के लिए भी सत्य है। यदि आप उंन्हे देखना चाहते हैं, उंन्हे समझना चाहते हैं, एक निश्चित दूरी आवश्यक है।

आप अपने शरीर के अत्यन्त निकट हैं, आप अपने विचारों के अत्यन्त निकट हैं और इतने अधिक निकट हैं कि आपने स्वयं को अपने शरीर और अपने विचारों के रूप में ही पहचानना शुरू कर दिया है।

किन्तु आप एक शरीर होने या विचार होने से इतर हैं। इस वास्तविकता का अनुभव करने के लिए आपको एक दूरी; स्वयं से एक दूरी की आवश्यकता है। यहाँ तक कि अन्य लोग तो आपके शरीर को बड़ी आसानी से देख सकते हैं किन्तु आप अपने शरीर और विचारों को उतनी आसानी से नहीं देख सकते हैं। अन्य लोग आपसे कुछ दूरी पर हैं। आप अत्यन्त निकट हैं, आपको एक दूरी की आवश्यकता है।

यह दूरी बनाने के लिए आपको अपने जीवन को इस प्रकार देखना होगा जैसे कोई अन्य व्यक्ति देख रहा हो।

यह उसी प्रकार है जैसे आप किसी समस्या का सामना कर रहे हों। और आप वो सारे प्रयत्न कर चुके हों, जो आप कर सकते थे, किन्तु आपको कोई समाधान नहीं मिल रहा है। आप हताश हो चुके हैं। अचानक आपका एक मित्र आता है और आपसे आपकी समस्या के बारे में पूछता है। आप अपने मित्र को अपनी समस्या समझाते हैं। वह आपकी समस्या सुनने के बाद एक समाधान सुझाता है और आप आश्चर्यचकित रह जाते हैं कि आपको समाधान मिल गया। अब आप सोच रहे होते हैं कि यह युक्ति आपको पहले क्यों नहीं सूझी। ऐसा इसलिए क्योंकि आपका मित्र आपके जीवन की परिस्थितियों के साथ संलिप्त नहीं था, किन्तु आप थे। और यही संलिप्तता ही निकटता को बना रही है। एक दूरी बनानी चाहिए।

अशोक महान! अब तक जन्में सम्राटों में महानतम सम्राट। मानव इतिहास में कई सम्राट हुए लेकिन अशोक उनसे कुछ अलग था। वह उन सभी सम्राटों से अलग था। क्योंकि जो उसने किया आज तक किसी सम्राट ने नहीं किया।

उसके अन्तिम युद्ध, कलिंग युद्ध ने उसकी पूरी आत्म-सत्ता को ही परिवर्तित कर दिया, एक क्रूर योद्धा से एक करुणावान, दयावान राजा बना दिया। कलिंग युद्ध विश्व इतिहास के भीषण और भयावह युद्धों में से एक था। वहाँ क़रीब 2,50,000 लोग मारे गए थे! कलिंग युद्ध के बारे में यह कहा जाता है कि

कलिंग के निकट बहने वाली दया नदी का पानी इस भीषण रक्तपात के कारण लाल हो गया था।

इस भयानक रक्तपात को देखने के बाद अशोक बदल गया। वह एक छोटे से भूमि के टुकड़े के लिए युद्ध की व्यर्थता को समझ गया था। उसने यह युद्ध अपनी आंखों से नहीं देखा था क्योंकि उसकी आँखों ने कभी किसी के लिए करुणा अनुभव नहीं की थी। उसने वह युद्ध बुद्ध की आंखों से देखा था। और इसी कारण उसका अन्तः करण परिवर्तित हो गया। अब करुणा ने उसकी अंतरात्मा को स्पर्श कर लिया था। उसने भविष्य में कभी युद्ध न करने का निर्णय किया। उसने अपने राज्य का शासन एक करुणावान राजा के रूप में करने का निर्णय लिया।

बुद्ध की शिक्षाओं ने उसे एक दूरी दी, जिससे वह अपने स्वयं के विचारों को देखने मे सक्षम हो सका। उसके क्रूर विचारों और उसके अपने वास्तविक अस्तित्व के बीच एक दूरी बन गई। एक दूरी बन गई उसके क्रूर व्यक्तित्व और उसके अस्तित्व के बीच। अब उसकी आंखों से क्रूरता का पर्दा हट चुका था।

अशोक के व्यक्तित्व में एक नया अस्तित्व जन्मा था। उसे उसके वास्तविक अस्तित्व का अहसास हुआ जो कि युद्ध नहीं है, जो कि क्रूरता नहीं है, शान्ति है, सद्भाव है, सौहार्द्र है, करुणा

है, संवेदनशीलता, सह्रदयता है, कृतज्ञता है, स्वीकार्यता है, सहिष्णुता है, बंधुत्व है, निश्छलता है, प्रेम है! और यही वो बात है जो मैं अहं-केन्द्रित समस्याओं के बारे में कहना चाहता हूँ। यह समस्याएं आपके विचारों से सृजित छद्म संसार से उठ रही हैं। आपके पूर्वाग्रहों से उठ रही हैं। और यह समस्याएं इसलिए उठ रही हैं क्योंकि आप इस वास्तविक संसार को अपने विचारों के चश्में से देख रहे हैं।

आपको यह बात समझनी पड़ेगी।

यह आपकी वास्तविक समझ होगी।

आप निश्चित ही यह सोच रहे होंगे कि मैं संचय के विरुद्ध हूँ। नहीं! मैं किंचित भी विरोध में नहीं हूँ। आपको यह बात समझनी चाहिए। मैं धनिकों के विरोध में तनिक भी नहीं हूँ।

आप अपने तथाकथित संतों को देखिए। ऐसा मैं सभी महात्माओं के बारे में नहीं कह रहा हूँ और मैं किसी की धार्मिक भावनाओं को ठेस भी नहीं पहुँचाना चाहता हूँ। लेकिन देखिये उनको, आपको उनमें एक सूक्ष्म अहं-भाव का आभास होगा। उन्हें लगता है कि वो कुछ विशेष कर रहे हैं और अन्य लोग उनसे निम्नतर श्रेणी के हैं, क्योंकि उन्होंने संसार का त्याग कर दिया है, अपने परिवार का त्याग कर दिया है, गृहस्थी का त्याग कर दिया है, और भी न जाने क्या-क्या!

मैं एक दिन टी. वी.पर एक योग गुरु को देख रहा था। वो लोगों को बता रहे थे कि उन्होंने कितना त्याग किया। उन्होंने अपना परिवार छोड़ दिया। उनके पास कोई सम्पत्ति नहीं है। उनके पास तन ढकने के लिए केवल एक कपड़ा है, जिससे केवल आधा तन ढका जा सकता है, यहाँ तक कि सर्दियों में भी वो उसी कपड़े से काम चलाते हैं। वो दिन में केवल एक बार खाते हैं, और न जाने क्या-क्या!

कभी आप अपने तथाकथित संतों-महात्माओ के पास बैठिए। वो आपको बताना शुरू कर देंगे कि उन्होंने क्या-क्या त्याग किये हैं? क्या-क्या छोड़ा है? और वे कितने बड़े महापुरुष हैं। ये आपको पूछने की भी आवश्यकता नहीं है। बस आप उनके पास बैठ भर जाइये और वो आपको सब कुछ बताने लगेंगे।

किन्तु यदि उन्होंने सब कुछ त्याग दिया है तो बताने की क्या आवश्यकता है? लेकिन वो आपके बिना पूछे बताने लगेंगे। दरअसल उनमें एक सूक्ष्म अहंकार है; त्याग करने का अहंकार, कुछ छोड़ने का अहंकार। उन्होंने निश्चय ही भौतिक संसार का त्याग कर दिया है लेकिन मस्तिष्क के गहरे अचेतन में वो उसी संसार जी रहे हैं, जिसे छोड़ने का वो दावा कर रहे हैं। यह एक अन्य प्रकार का संचय है-मानसिक संचय ; संचय विचारों का, संचय स्वप्नों का। यह एक प्रकार का मानसिक निवेश है।

किन्तु वस्तुतः दोनों संचय ही हैं, चाहे वो मानसिक हो या सांसारिक।

किन्तु, संचय में हानि ही क्या है?

आइए समझते हैं।

संचय करने के लिए आपको कुछ अतिरिक्त प्रयत्न करना होता है, अतिरिक्त कार्य करना होता है। क्या आपने कभी गौर नहीं किया है कि, जब आपको थोड़ा अधिक धन अर्जित करना होता है तो आपको अतिरिक्त कार्य करना होता है, चाहे गुणवत्तापरक या मात्रात्मक। ऐसा करने की प्रक्रिया में आप अपनी विश्रान्ति खोते हैं। यदि आपके शरीर के बारे में बात करें तो स्वस्थ रहने के लिए कुछ न कुछ तो विश्राम की आवश्यकता होती ही है, कम या अधिक। आप सतत कार्य नहीं कर सकते। उसी प्रकार आपके मस्तिष्क को भी विश्राम की आवश्यकता होती ही है। विश्रान्ति बहुत सुन्दर होती है। इसे गहराई से समझें; क्योंकि हममें से अधिकतर विश्रान्ति के नाम पर असहज अनुभव करने लगते हैं। आपके अधिकतर आदर्श व्यक्तित्व विश्राम नहीं करते हैं। आपके महान राजनेता 21-21 घण्टे कार्य करते हैं दिन भर में। समाज उनकी प्रशंसा करता है, जो अधिक कार्य करते हैं। यही कारण है कि आप विश्रान्ति के नाम पर असहज हो जाते हैं। किन्तु क्या

विश्रान्ति इतनी निकृष्ट है; जितना आप इसे समझते हैं। एक बार पुनः सोचिए।

विश्रान्ति बहुत सुन्दर है। ईश्वर विश्राम कर रहा है। इस समूची सृष्टि को, इस महान सृजन की सर्जना करने वाले ईश्वर के आपने कभी कोई हाथ देखे हैं काम करते हुए? लेकिन जरा उसका सृजन देखिये, कितना विराट, कितना सुन्दर, शब्द नहीं हैं उसकी व्याख्या के लिए।

ईश्वर यह सृजन विश्रान्ति से ही कर रहा है। कितने ही संसारों का समानांतर सृजन और ध्वंस हो रहा है, अनवरत हो रहा है, होता ही जा रहा है।

किन्तु ईश्वर विश्राम कर रहा है ।आज ईश्वरीय कण 'हिग्स बोसान' की खोज हो चुकी है। सम्पूर्ण ब्रहमाण्ड का जो भी द्रव्यमान है वो न्यूट्रॉनों और प्रोट्रानों के द्रव्यमान के कारण ही है। किन्तु न्यूट्रॉनों और प्रोट्रानों में द्रव्यमान कहाँ से आया?भौतिकशास्त्री कहते हैं कि हिग्स क्षेत्र से गुजरने के कारण न्यूट्रॉनों और प्रोट्रानों में द्रव्यमान अस्तित्व में आया। यह हिग्स बोसान से बना क्षेत्र है और यह बिल्कुल वैद्युतचुम्बकीय क्षेत्र की तरह ही है और सम्पूर्ण ब्रहमाण्ड में एकसमान रूप से व्याप्त है। इस प्रकार आप देख सकते हैं कि द्रव्य भी 'रिक्तता से', 'शून्य से', 'कुछ नहीं' से बने हैं।

ईश्वर इसी विश्रान्ति से सृजन कर रहा है। जब आप थोड़ा और, थोड़ा और, थोड़ा और के लिए उत्कंठित होते हैं, तब आप अपनी विश्रान्ति खो देते हैं। तब आप विश्रान्त कैसे हो सकते हैं? आप संचय के लिए उत्कंठित हैं, आप कुछ होने के लिए उत्कण्ठित हैं, जिससे कि समाज आपकी प्रशंसा करे। और ऐसा करने में आप स्वयं से ही दूर हो जाते हैं। और आपकी अपनी आत्मसत्ता से ही एक दूरी बन जाती है। किन्तु यह दूरी नकारात्मक है। हाँ मैंने पहले कहा था कि एक दूरी आवश्यक है। किन्तु मैं इस दूरी की बात नहीं कर रहा था। मैं आपसे आपके और आपके शरीर और मन के बीच की दूरी के बारे में बात कर रहा था। और वह तभी बन सकती है जब आप अपनी आत्म-सत्ता के निकट हों। ध्यान रहे, कि आप, आपका शरीर या मन मात्र नहीं हैं। आप उससे इतर हैं, कुछ और ही हैं।

और जब आप अपनी उस आत्मसत्ता से दूर होने लगते हैं, तो आप अपने आपको अपना शरीर और मन ही मान बैठते हैं। और यही मान्यता आपकी सभी अहं-केन्द्रित समस्याओं की जड़ है। ध्यान रहे आप आपका शरीर और मन नहीं हैं। इस बात को समझने के लिए एक उदाहरण लेते हैं। हम सभी पर्दे पर फिल्में देखते हैं। फिल्में देखते वक़्त आपको कभी न कभी ये जरूर लगा होगा कि आप फ़िल्म के नायक या नायिका के साथ इतना अधिक जुड़ गए हैं कि आप स्वयं को ही नायक या

नायिका समझने लगे हैं। किन्तु थोड़ी देर बाद आप अपनी मूर्खता समझ जाते हैं। तब आपको अहसास होता है कि आप वो नायक या नायिका नहीं हैं, बल्कि आप एक व्यक्ति हैं जो ये फ़िल्म देख रहे थे। इस सत्य का अहसास आपके मन को तभी होता है जब आपका ध्यान आपकी तरफ लौटता है। तब आपको अचानक से अहसास होता है कि -"अरे! ये मैं क्या कर रहा था! मैं नायक थोड़े हूँ! "अतः आपको सत्य का अहसास तभी होता है, जब आप अपनी आत्म-सत्ता के निकट होते हैं। ठीक ऐसा ही आपके जीवन मे हो रहा है। आप अपना शरीर नहीं हैं, आप अपने विचार नहीं हैं, आप अपना मन भी नहीं हैं। सारी अहं -केन्द्रित समस्याएं तभी जन्मती हैं, जब आप इस सत्य को भूल जाते हैं। अतः इनसे पार पाने के लिए आपको अपनी आत्म-सत्ता पर ध्यान केंद्रित करना होगा। आपको गहरी समझ की आवश्यकता है, आपको जागृत होने की आवश्यकता है। आपको अपनी आत्म-सत्ता के निकट होने की आवश्यकता है, जो कि उस दूरी से जन्म लेगी, वो दूरी इस जागरूकता से जन्म लेगी कि आप अपना शरीर या मन नहीं हैं। आपको अपने जीवन का अवलोकन उसी प्रकार करना होगा, जैसे कि कोई और उसे देख रहा हो।

जब ये समझ विकसित होती है तो ईश्वर निकट आता जाता है।

और अंततः आपकी अस्तित्वगत समस्याएं बचती हैं। और सभी अस्तित्वगत समस्याएं बचती हैं। और सभी अस्तित्वगत समस्याओं की गहराई में आप पाएँगे कि यह एक खोज है, अपने होने की, ईश्वर की। और यह समस्या मात्र गहन विश्रान्ति में ही हल हो सकती है। एक गहरी समझ की आवश्यकता है जो कि आत्म-सत्ता की खोज के लिए अनिवार्य है। आप वो सत्ता हैं जो ये सब अनुभव कर रही है, आप ये सारी अनुभूतियाँ नहीं हैं जो आप कर रहे हैं आप मात्र अनुभवकर्ता हैं। अपनी उस आत्म-सत्ता की समझ की आवश्यकता है। और उस समझ के लिए अपनी आत्म-सत्ता से निकटता की आवश्यकता है। इसीलिए धर्म-ग्रंथ सांसारिक त्याग के बारे में इतनी चर्चा करते हैं। किन्तु वो इस वास्तविक संसार के त्याग की बात नहीं कर रहे हैं।

जब आप विचारों के इस पर्दे को गिराते हैं, जब आप अपनी आत्म-सत्ता के निकट आने लगते हैं। और तभी यह समझ जन्म लेती है ईश्वर सर्वत्र है, यह जीवन स्वयं ईश्वर है, आपको उसे देख सकने वाली आंखें चाहिए, बस इतनी सी बात है।

और वो आँखे आपकी आत्म-सत्ता के पास हमेशा से थीं और हमेशा रहेंगी। बस आपको उसके निकट आना है। जैसे जैसे आप निकट आते जाते हैं, आप समझते जाते हैं।

किन्तु आपको इसे समझना होगा। जो अब तक मैंने कहा उसे आपने शाब्दिक रूप में समझा, अच्छी बात है। किन्तु ध्यान रखिये ये समझ केवल शाब्दिक है। वास्तविक समझ के लिए आपको इसके अनुभव से गुजरना होगा। यह अनुभव ही जीवन है। आपको जीवन से स्वयं गुजरना होगा, किन्तु होश में, जागृत अवस्था मे।

एक उदाहरण लेते हैं; यदि आपको तैरना सीखना हो तो आप क्या करेंगे? क्या आप मात्र कोई ऐसी पुस्तक पढ़कर तैरना सीख जाएंगे जिसमें तैरने की विधियों का वर्णन हो? नहीं! आपके किसी तरणताल में, किसी नदी में, किसी झील में उतरना होगा। आपको पानी मे उतरना होगा। आपको उन विधियों का अभ्यास करना होगा। आपको तैरने की अनुभूति बनाना होगा। केवल तभी आप तैरना सीख सकते हैं। ठीक यही बात जीवन के लिए भी सत्य है। वास्तविक समझ तभी वास्तविक होगी, जब यह आपके अनुभव से आएगी। शाब्दिक या मौखिक समझ पर्याप्त नहीं है। आपको अनुभूति के गहरे तल को छूना होगा।

हममें से अधिकतर आनन्द की खोज में हैं, प्रसन्नता की खोज में हैं। किन्तु वे बाहर खोज रहे हैं। इसीलिए आवश्यकताएं किसी न किसी मोड़ पर अधूरी रह जाती हैं। यदि आप वास्तव में आनन्द, वास्तव में प्रसन्नता, वास्तव में संतुष्टि चाहते हैं

तो आपकी खोज की दिशा अंदर की ओर, स्वतः की ओर, आत्म-केन्द्रित होनी चाहिए। आपको उल्टी यात्रा करनी होगी। आपकी अन्दर आना होगा-आपको अपने-आप मे बहुत गहरे उतरना होगा। और वही वास्तविक साम्राज्य है, वास्तविक खजाना है। और वो कोई और नहीं स्वयं आप हैं, आपकी अपनी आत्म-सत्ता है।

संतुलन

जीवन संतुलन के कारण अस्तित्व में है। चारो ओर ईश्वर की हर कृति में ग़ज़ब का तादात्म्य, ग़ज़ब का साम्य है। इसी साम्य के कारण पृथ्वी पर जीवन संभव हो सका है। ये आप आसानी से देख सकते हैं, सोचिए यदि पृथ्वी का भार ठीक उतना ही न होता, जितना है, तो क्या पृथ्वी पर जीवन सम्भव था? या यदि पृथ्वी पर वायुमण्डल न होता तो क्या जीवन की कल्पना भी हो सकती थी? ऐसे कितने ही 'यदि', कितने ही प्रश्न, कितनी ही संभावनाएं हो सकती थीं। इसलिए ऐसे पता नहीं कितने संयोगों के सटीक तादात्म्य और साम्य से पृथ्वी पर जीवन सम्भव हो सका है।

आप किसी भी गिटार वादक से पूछ सकते हैं, गिटार से संगीत तभी सम्भव है, जब उसके तार बिल्कुल ठीक ढंग से कसे हुए हों, न अधिक कसावट, न ही अधिक ढीला, ठीक मध्य में। इससे आप अंदाज़ा लगा सकते हैं कि एक गिटार के तारों के लिए भी संतुलन आवश्यक है।

मैंने पिछले अध्याय में विश्रान्ति की चर्चा की। आप मे से कुछ लोग ये अर्थ लगा सकते हैं कि यदि विश्रान्ति इतनी ही सुन्दर है तो क्यों न आलसी हो जाया जाए! किन्तु मैं आलसी होने को कतई नहीं कह रहा था। जैसा कि हमने पूर्व में चर्चा की कि अस्तित्वगत समस्याओं को दो भागों में बाँटा जा सकता है, पहली हमारी शारीरिक आवश्यकताएं, दूसरी हमारी आध्यात्मिक अभीप्सा। शारीरिक आवश्यकताओं की पूर्ति के लिए आपको कुछ धन अर्जित करना होगा, जिसके लिए आपको कुछ न कुछ कार्य करना होगा। बिना शारीरिक आवश्यकताओं को पूरा किये आपमे आध्यात्मिक अभीप्सा का जन्म भी नहीं हो सकता, आप उसके बारे में सोच भी नहीं सकते। ये हमारी आधारभूत आवश्यकता है-इसके लिए आपको कुछ न कुछ कार्य करना ही होगा। अतः आलसी हो जाना या अकर्मण्य हो जाना आपकी समस्याओं का हल नहीं है बल्कि आप और मुश्किल में पड़ जाएंगे। अकर्मण्य लोग अपना शारीरिक स्वास्थ्य भी खो देते हैं। और बिना शारीरिक स्वास्थ्य के आध्यात्मिक प्रगति सम्भव नहीं है।

अतः अकर्मण्यता हल नहीं है।

यही कारण है कि बुद्ध मध्यमार्ग की बात करते हैं। उसी संतुलन की आवश्यकता है।

सफलता और असफलता

मैंने इस अध्याय का नाम 'सफलता और असफलता' रखा क्योंकि मैंने सफलता का बहुत ही ज़्यादा महिमामंडन देखा है इस समाज में। और असफलताओं की घृणित उपेक्षा। मैं चकित हूँ! इतनी घृणित उपेक्षा। इतनी महत्वपूर्ण बात की इस सीमा तक उपेक्षा कैसे की जा सकती है। आश्चर्यजनक है! लेकिन ये हो रहा है।

मेरे लिए सफलता और असफलता मात्र एक ही सिक्के के दो पहलू हैं। इन दोनों में से कोई भी एक चीज़, दूसरे के बिना अस्तित्व में हो ही नहीं सकती।

क्या आपने किसी बच्चे को चलना सीखते हुए देखा है? वह पहला कदम जो चल पाता है, उसके लिए वो कई बार गिरता है; यहाँ तक कि अपने पैरों पर खड़े होने के लिए भी। सफलता बिना असफलताओं के सम्भव नहीं है। सफलता ढेर सारी असफलताओं की अनुगामी है। असफलताएं गुरु हैं, सफलता

मात्र एक शिष्य है। किंतु विडम्बना ये है कि ये शिष्य इसके गुरुओं से ज़्यादा वांछनीय है, ज़्यादा महत्वपूर्ण हो गई है।

यह सब केवल समाज के उस वैचारिक ढाँचे के कारण है; जहाँ सफलता ज्यादा प्रशंसित है। और इसी कारण मानव समाज व्यर्थ चिंतित है। सभी लोग अन्य सभी लोगों के साथ प्रतियोगिता कर रहे हैं। यहाँ तक कि जिनमें आपस में खून का रिश्ता होता है उनमें भी आप ये प्रतियोगिता देख सकते हैं। (इतिहास में भी महाभारत दो भाइयों के वंशजों के नग्न सत्ता संघर्ष, अहंकारों के टकराव, ईर्ष्या और द्वेष की परिणीति ही है, और कुछ नहीं)। मानव समाज में चारो ओर एक गला काट प्रतियोगिता चल रही है। प्रत्येक व्यक्ति यह सोच रहा है कि वह बहुत विशिष्ट है और वो अपने तरीके से इसे सिद्ध करना चाहता है। लेकिन वहीं जब कोई दूसरा उसे देखता है, तो अन्दर ही अन्दर हँसता है और कहता है -"क्या मूर्खता है! वह मुझे क्यों नहीं देखता, मैं उससे ज्यादा विशिष्ट हूँ।" और बाकि लोग भी ऐसा ही सोच रहे हैं। तो किसके सामने आप स्वयं को सर्वश्रेष्ठ सिद्ध कर रहे हैं? यहाँ पर हर व्यक्ति स्वयं को श्रेष्ठतम सिद्ध करने का प्रयत्न कर रहा है। अगर कोई थोड़ा धन या थोड़ी प्रसिद्धि अर्जित कर ले तो वो ये सोचना शुरू कर देता है कि उसने स्वयं को सिद्ध कर दिया है और वह कुछ विशिष्ट है।

किन्तु वो ये नहीं देख पा रहा कि लोग, जो उसकी प्रशंसा कर रहे हैं, उनमे से अधिकतर लोग हैं जो उससे ईर्ष्या करते हैं। और जब उसका समय करवट लेता है, और सफलता असफलता में बदलती है तो न कोई उसे महत्व देता है और न ही कोई उसकी परवाह करता है। आप ऐसे कई किस्से अपने समाज में देख सकते हैं।

पिछले वर्ष मैं एक समाचार चैनल देख रहा था। उसपर एक प्रसिद्ध बॉलीवुड अभिनेत्री के आत्महत्या की घटना पर परिचर्चा हो रही थी। वे आत्महत्या को कायरतापूर्ण गतिविधि मान रहे थे। वे उसे कायर घोषित कर रहे थे। दरअसल उस वक़्त इस घटना की जाँच हो रही थी और पुलिस भी पक्के तौर पर मान चुकी थी कि ये आत्महत्या ही थी। लेकिन पुलिस ने ये घोषणा नहीं कि थी, वो शत प्रतिशत आश्वस्त होना चाहती थी।

मैं यहाँ इस पुस्तक में उसका (उस अभिनेत्री का) नाम नहीं लिखना चाहता क्योंकि प्रत्येक व्यक्ति मेरे लिए सम्माननीय है। यदि ये आत्महत्या थी तो हमें वो परिस्थितयां भी देखनी चाहिए थीं, जिनसे वो गुजर रही थी। और हमें, इस घटना को बड़ी संवेदना से देखना चाहिए।

आइये, अब वो परिस्थितियां देखते हैं; उसने आत्महत्या इसलिए कि क्योंकि जब उसे अपने मित्रों के सहयोग की, साथ की आवश्यकता थी, उस वक़्त कोई उसके साथ नहीं था। वह नितान्त अकेली पड़ गई थी। जिस वक़्त वो सफल थी, सभी उसके साथ थे, उसको महत्व देते थे, उसकी प्रशंसा करते थे। लेकिन अब उसके साथ कोई नहीं था। कारण यह था कि अब उसकी फिल्में बॉक्स ऑफिस पर कमाई नहीं कर पा रही थीं। धीरे-धीरे एक-एक करके सबने उसे भाग्य के सहारे छोड़ दिया - यहाँ तक कि उस व्यक्ति ने भी, जिसे उसने प्रेम किया था। वो अब बहुत अकेली हो चुकी थी। यह मात्र एक उदाहरण था। ऐसे और कई उदाहरण हो सकते हैं। ऐसा मात्र इसलिए है क्योंकि सफलता इतनी ज़्यादा प्रशंसित है।

मैं आपसे एक व्यक्ति के तौर पर बात करना चाहता हूँ, एक समाज के तौर पर नहीं। एक समाज के रूप में मनुष्य बहुत आकर्षक या बुद्धिमान नहीं लगता। एकाकी व्यक्तित्व के स्तर पर मनुष्य बहुत ही बुद्धिमान है। किंतु उसे ही जब मैं एक समाज के रूप में देखता हूँ, तो उसे मैं अल्प-बुद्धिमान और अपरिपक्व पाता हूँ। एक समाज के रूप में मनुष्य को क्या हो गया है? एक समाज के रूप में हर व्यक्ति आवश्यकता से अधिक दखल में है, आवश्यकता से अधिक तंग है। और यही समस्या है।

जब आपके विचार समाज द्वारा विकृत किये जाते हैं आप अपना एकत्व, अपनी अद्वितीयता खो देते हैं और आप समाज के हाथ का एक खिलौना बनकर रह जाते हैं।

इसलिए जब भी समाज आपकी उपेक्षा करता है, आप आत्महत्या के विचारों से भर जाते हैं। किन्तु यदि किसी भी तरह आप अपना एकत्व बचाये रह सकें तो समाज की उपेक्षा या स्वीकार्यता आपको प्रभावित नहीं कर सकेगी और आप पूरे आत्म-गौरव के साथ जी सकेंगे। अतः अपने एकत्व की रक्षा कीजिये। सफलता और असफलता के मापदण्ड आपके अपने स्वयं के होने चाहिए। ये मापदण्ड आपकी आत्म-सत्ता द्वारा निर्मित हों, समाज द्वारा नहीं।

समाज द्वारा दिया जाने वाला महत्व कभी भी आपका मापदण्ड नहीं होना चाहिए।

जहाँ तक मेरा अनुभव है, वो ये कहता है कि सफलता और असफलता आपकी मनोदशा से ज़्यादा कुछ भी नहीं। आप असफल होते हैं जब आप परिश्रम करना बन्द कर देते हैं, जब आप हताश हो जाते हैं, तो आप बार-बार प्रयत्न करना छोड़ देते हैं।

ये उस वक़्त की घटना है जब महान वैज्ञानिक थॉमस अल्वा एडिसन एक प्रयोग कर रहे थे जिसमें, वो लगभग एक हज़ार से

ज़्यादा बार असफल हो चुके थे। एवं वांछित परिणाम नहीं मिल सके थे। तब एक पत्रकार ने उनसे पूछा-"श्रीमान एडिसन आप इस समय अवश्य ही हताश अनुभव कर रहे होंगे?"

एडिसन ने जवाब दिया-"नहीं तो, ये आपसे किसने कहा? यह पुनः एक सफलता है। मैं ऐसे एक हज़ार तरीक़े जान गया हूँ, जिनसे ये प्रयोग सफल नहीं हो सकता।"

ये ढंग होना चाहिए। कभी हार न माने, चाहे तो आप राह बदल सकते हैं। हो सकता है आपके जीवन का सौन्दर्य, आपके जीवन की पूर्णता किसी और रास्ते पर आपकी प्रतीक्षा कर रही हो। किन्तु, हार कभी मत मानिए।

मैंने सुना है; एक बार एक सूफी सन्त और उसका शिष्य दोनों अपनी छोटी सी झोपड़ी के दोनों तरफ़ बहुत तेजी से जा रहे थे-लगभग भागते हुए से। गहरी अँधेरी रात, आँधियाँ चल रही थीं, तेज वर्षा थी। वो जल्दी से जल्दी अपनी झोपड़ी में पहुंचना चाहते थे। उन्हें भूख भी लगी थी। लेकिन जब वे वहाँ पहुँचे जब जहां उनकी झोपड़ी थी उन्होंने देखा कि झोपड़ी उजड़ चुकी थी और इस क़दर उजड़ चुकी थी कि वे उसमें आश्रय नहीं ले सकते थे। शिष्य ईश्वर के ऊपर क्रोधित हो रहा था। लेकिन वो सन्त चुपचाप बैठ गया। लेकिन उसका शिष्य उस वक़्त आश्चर्य से भर गया जब उसने देखा कि उसका गुरु आँखे बन्द किये

अहोभाव से भरा ईश्वर को धन्यवाद दे रहा है। इसलिए शिष्य ने सन्त से क्रोध के स्वरों में पूछा-"आप पागल हो गए हैं क्या? आप किस तरह के इन्सान हैं? मैंने अवश्य ग़लत व्यक्ति को अपना गुरु चुन लिया है। मैं समझ नहीं पा रहा हूँ आप ईश्वर को धन्यवाद किसलिए दे रहे हैं? उन्होंने क्या कुछ भी सही किया है हमारे साथ?"

सन्त ने उत्तर दिया-"ईश्वर ने हमें ऐसी परिस्थिति में भी संतुष्ट रहना सीखने का, धैर्य रखना सीखने का असाधारण अवसर दिया है। तुम और क्या चाहते हो? तुम और मैं इस वक़्त धरती पर सबसे भाग्यशाली लोग हैं। तुम्हें और क्या चाहिए?" ये ढंग होना चाहिए।

जब एक बच्चा चलना सीखता है तो वो भविष्य के बारे में नहीं सोचता है कि वो भविष्य में चलना सीख पायेगा कि नहीं। भविष्य की चिंता उसके लिए कोई महत्व नहीं रखती, कभी भी नहीं। वो मात्र पर्यटन करता है और वो भी बहुत गंभीर होकर, चिन्तित होकर नहीं बल्कि खेलते हुए, आनन्द लेते हुए। एक खेल का कोई भविष्य नहीं होता।

पूछिये एक बच्चे से "तुम क्यों खेल रंहे हो?" और वो आपको इस तरह देखेगा जैसे आप कोई मूर्ख हों। खेल का कोई उद्देश्य नहीं होता है। सफलता भविष्य की एक अवधारणा मात्र है।

अतः परिणामों को लेकर बहुत चिन्तित न रहें। वर्तमान को प्रेमपूर्वक जियें। जो भी वर्तमान में कर रहे हों प्रेमपूर्वक करें। सफलता और असफलता मात्र दो घटनाएँ हैं; उससे अधिक कुछ भी नहीं।

सफलता और असफलता के बारे में बहुत ज़्यादा सोचने का क्या मतलब है? अपने वर्तमान के कार्य पर केन्द्रित होवें। उसे पूरी आत्मीयता से करें। पहले यह तय करें कि आप पाना क्या चाहते हैं। फिर उसको पाने की चरणबद्ध योजना बनाएं। अपनी योजना का पूरी समर्पण और निष्ठा से पालन करें। अपने वर्तमान पर केन्द्रित रहें। उपरोक्त सुझाव आपको आपका लक्ष्य प्राप्त कराने के लिए पर्याप्त हैं। इससे अधिक की आवश्यकता नहीं है।

मुझे क्रिकेट देखना अच्छा लगता है। मैंने कई बार जीतने वाली टीम का रवैया बड़े ध्यान से देखा है। उनका हाव-भाव पढ़ा है। मैंने हमेशा उनमें तल्लीनता, विनोदप्रियता, आनन्द देखा है और हारने के भय का अभाव देखा है।

लोग सफलता और असफलता के बारे में बहुत ज़्यादा सोचते हैं और ऐसा करने में उनका ध्यान अपने वर्तमान कार्य पर केन्द्रित नहीं हो पाता है। और भटकावों में फँसे होकर आप अच्छा कैसे कर सकते हैं? और दूसरी ग़लती जो लोग अक्सर

करते हैं वो ये कि वो अनिर्णय की अवस्था मे बने रहते हैं। वो ये निर्णय ही नहीं कर पाते कि उन्हें करना क्या है? उन्हें ये तक पता नहीं होता कि उनकी रुचि किसमें है। और यदि आप ये भी नहीं जानते कि आपकी रुचि किन क्षेत्रों में है तो आप योजना कैसे बनाएंगे? और सबसे बड़ा सवाल क्या पाने के लिए बनायेंगे? तो सबसे आधारभूत बात ये है कि पहले तय करिये कि आप पाना क्या चाहते हैं और फिर उसके लिए योजना बनाइये। लेकिन योजना बनाने के बाद केवल वर्तमान पर केन्द्रित रहिये और किसी चीज पर नहीं।

और अन्तिम बात याद रखिये! सफलता और असफलता मात्र घटनाएँ हैं, इससे ज़्यादा कुछ नहीं। इसलिए संतुष्ट रहिये!जागरूक रहिये! परिणाम सबकुछ नहीं होते।

आपकी आत्मसत्ता सबसे महत्वपूर्ण है।

आपकी वास्तविक सफलता आपकी अस्तित्वगत समस्याओं को हल करने मे है।

और, वो कोई समस्या भी नहीं है।

वो तो असीम आनन्द है।

और वो है ईश्वर की तलाश। ये तलाश भी आनन्द से भरी हुई है। जितना ही आप अपनी आत्म-सत्ता के निकट जाएंगे उतने ही आनन्द से भरते जाएंगे!

ये तलाश भी खूबसूरत है!

www.ingramcontent.com/pod-product-compliance
Lightning Source LLC
LaVergne TN
LVHW050420160726

843469LV00041B/1154